AF475010

LUDOVIE

DANS

LA FAMILLE ET LA RELIGION

SOUVENIRS

RECUEILLIS PAR SON FRÈRE

Gustate et videte quoniam suavis est Dominus.

Goûtez et voyez combien le Seigneur est aimable.

(Ps. XXXIII, v. 9.)

Mihi autem adhærere Deo bonum est.

Pour moi, il m'est bon de m'attacher à Dieu.

(Ps. LXXII, v. 28.)

LYON

IMPRIMERIE CATHOLIQUE

Rue de Condé, 30.

1878

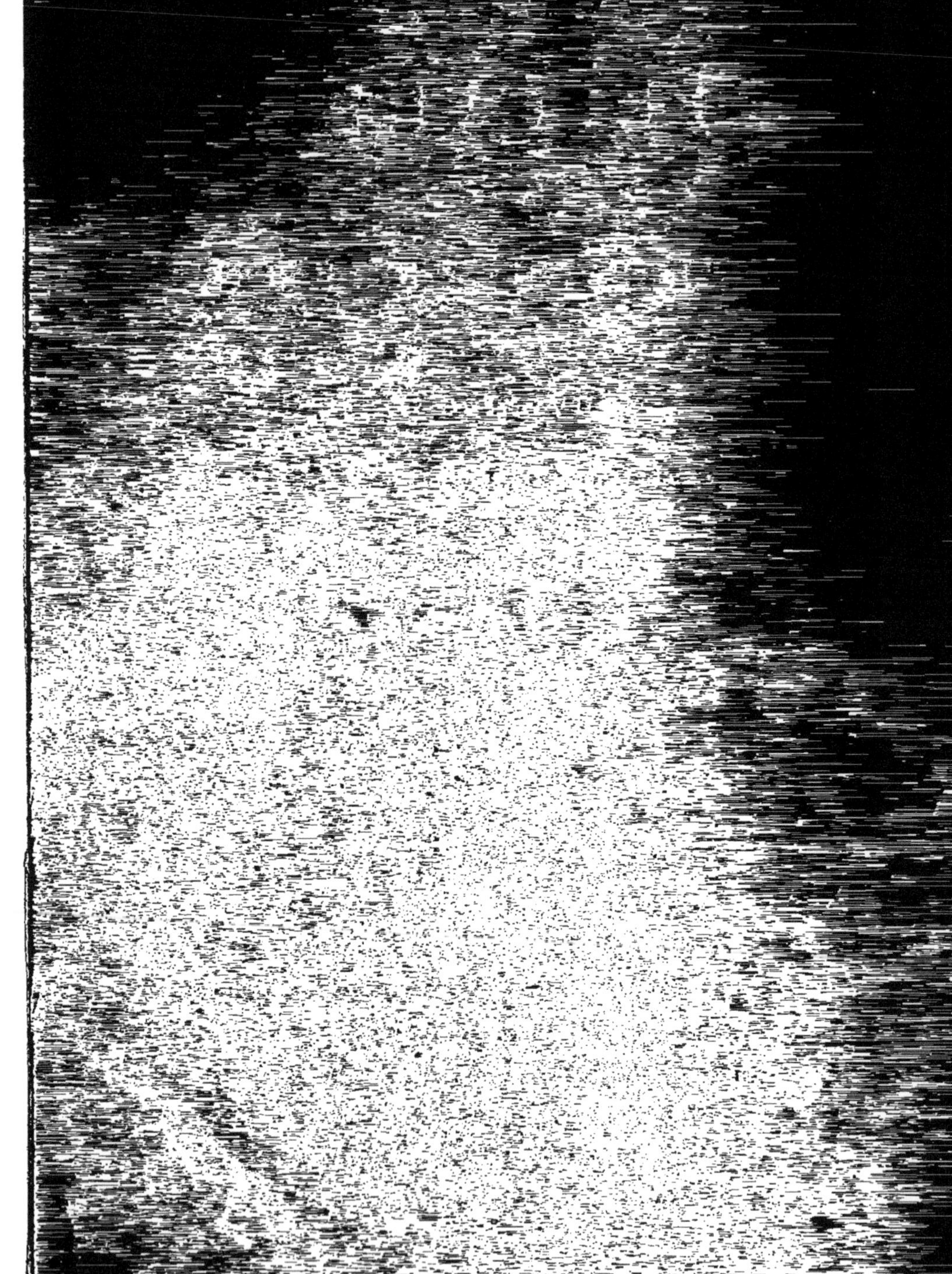

LUDOVIE

DANS LA FAMILLE ET LA RELIGION

LUDOVIE

DANS

LA FAMILLE ET LA RELIGION

SOUVENIRS

RECUEILLIS PAR SON FRÈRE

> *Gustate et videte quoniam suavis est Dominus.*
> Goûtez et voyez combien le Seigneur est aimable.
> (Ps. XXXIII, v. 9.)
>
> *Mihi autem adhærere Deo bonum est.*
> Pour moi, il m'est bon de m'attacher à Dieu.
> (Ps. LXXII, v. 28.)

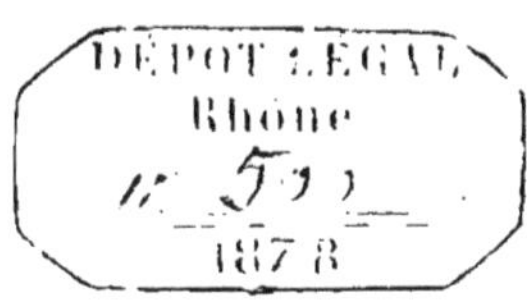

LYON

IMPRIMERIE CATHOLIQUE

Rue de Condé, 30.

1878

A MON PÈRE ET A MA MÈRE

Je vous avais d'abord offert, sous le couvert de l'anonyme, ces Souvenirs, *destinés dans ma pensée à consoler votre cœur, en vous montrant dans un rapide tableau ce que Dieu avait fait pour l'enfant qu'il venait de vous enlever.*

Vous me les redemandez aujourd'hui sous une nouvelle forme et avec de nouveaux détails. Je ne puis me refuser à ce désir ; et je n'en aurai aucun regret, si cet humble travail peut perpétuer dans la famille le souvenir d'une forte et aimable vertu, et porter encore dans quelques âmes la bonne odeur de Jésus-Christ.

C'est cette espérance qui m'a soutenu en revoyant ces pages. Daigne Notre-Seigneur les bénir et faire comprendre à ceux qui les liront, comme il l'avait fait comprendre à Ludovic, combien Il est aimable et combien il nous est bon de nous attacher à Lui.

Votre fils,

RENÉ.

Fête de la Visitation de la Très Sainte Vierge,
le 2 juillet 1878.

I

PREMIÈRE ENFANCE.

Mont-Ravel. — Qualités et défauts de Ludovic. — Petits cahiers. — Première communion. — Erection d'une chapelle à Mont-Ravel. — Piété filiale. — Notre-Dame de la Salette. — La sainte Réserve.

Non loin de Saint-Etienne, à une heure environ de la ville, est une maison de campagne appelée Mont-Ravel. Assise au pied d'une colline, qui lui dérobe le soleil couchant, elle est cependant assez élevée pour jouir de la vue de la vallée, qui s'étend autour d'elle du nord au midi. De la porte d'entrée on aperçoit sur la gauche le village de Villars, avec son église et sa flèche gothiques. Autour de la maison règne un jardin assez vaste ; il a ses frais ombrages, ses fleurs et ses vertes pelouses. Puis tout près, entre la colline et la maison, existe une petite chapelle de date récente ; modeste au dehors, élégante au dedans, elle est rendue mille fois plus riche encore par la présence du Dieu dont le service et l'amour font le bonheur des familles.

C'est là que se passa notre enfance, et que nous grandîmes tous sous l'œil vigilant de notre mère. Il y a environ vingt-cinq ans nous y étions sept : Antoinette, Adrien, Ludovie, Georges, Amélie, René et Paul. Nous vivions simplement, jouissant de la campagne que nous aimions beaucoup. Nous étions en bon accord avec Marguerite la ménagère, avec François le jardinier, auquel chacun demandait de belles fleurs pour son petit jardin, qu'il voulait voir le plus beau. En été on courait au soleil, en hiver on jouait avec la glace; car pendant quatre ou cinq années consécutives mon père et ma mère habitèrent constamment Mont-Ravel.

Cependant notre vie n'était point celle de désœuvrés. Qu'on en juge par l'emploi de notre temps :

« 6 h. 1/2. Lever. Donner son cœur à Dieu en s'éveillant ; s'habiller promptement, modestement, sans oublier la propreté.

7 h. Prière avec attention et ferveur.

7 h. 1/2. Déjeuner.

8 h. Entrée en classe avec bonne volonté et application. Répétition des leçons.

8 h. 1/2. Explication de la grammaire.

9 h. Dictée, analyse ou verbe.

10 h. Histoire.

10 h. 1/2. Récréation; pendant laquelle : jeux, gaîté, bon accord, bonnes manières. S'amuser beaucoup pour travailler mieux.

11 h. 1/2. Géographie, piano. Pour les plus petits : écriture.

Midi. Dîner. Pendant les repas : modération et bonne tenue. Récréation, comme à la précédente.

2 h. 1/2. Arithmétique.

3 h. 1/2. Ecriture, lecture et travail manuel. Deux fois la semaine, résumé ou devoir de style.

4 h. 1/2. Récréation et goûter.

5 h. à 7 h. Fin du résumé. Piano. Leçons. Prière. Examen de la journée.

JEUDI ET DIMANCHE. Copie des devoirs. Catéchisme expliqué. Revue de la semaine et du règlement. »

Tel était le règlement dressé par ma mère elle-même, pour ce qu'elle appelait son *Petit pensionnat*, et qu'une Institutrice était chargée de faire exécuter sous ses ordres.

De plus, chaque mois on donnait des places de sagesse, d'application, etc... Enfin, à la suite du règlement, le cœur et la main maternels avaient écrit les recommandations suivantes :

« ENVERS VOS PARENTS : soumission, respect, amour, confiance.

ENVERS VOTRE MAITRESSE : soumission, reconnaissance, affection.

ENTRE VOUS : accord, complaisance et affection.

ENVERS TOUT LE MONDE : douceur et politesse.

PENDANT TOUTE LA JOURNÉE : bonne humeur, ordre, exactitude, obéissance au règlement.

Celui qui sera le plus fidèle sera le plus agréable à Dieu et à ses parents ; son bon ange marchera toujours à côté de lui, et il fera fuir au loin les démons de la paresse, du mensonge, de l'orgueil et de la gourmandise. »

Et pour toute sanction il y avait : « En cas d'infraction, Mademoiselle est tenue d'en avertir qui de droit. »

Le soir mon père quittait la ville, où ses affaires l'avaient retenu tout le jour, et, quand il rentrait à Mont-Ravel, son cœur jouissait de l'affection de tous les siens et se reposait doucement à la pensée du bon ordre de sa maison. Chacun s'empressait autour de lui. Si parfois en devisant à table il nous appelait, bien qu'il n'en crût rien, ses croix et ses soucis, nous lui répondions, aussi bien sans orgueil que sans humilité, que nous étions les sept dons du Saint-Esprit, et quand nous fûmes huit, nous dîmes les huit Béatitudes. Et l'on riait, et la causerie continuait. C'était le délicieux moment de la journée, car il n'y avait alors aucune place vide au foyer.

Telle était la vie que nous menions à Mont-Ravel. Ludovie en vécut plus qu'aucun d'entre nous, car elle seule ne quitta jamais la maison paternelle pour aller en pension. Dans une terre si bien travaillée, sous un climat si doux, comment cette fleur de choix, j'allais dire cette fleur du Ciel, pouvait-elle ne pas pousser à l'aise et s'épanouir en liberté? Aussi, rien n'entrava-t-il le développement parfait de toutes les bonnes qualités, dont Dieu avait déposé le germe dans son cœur.

Née à Lyon en 1846, le dernier jour du mois consacré à la très-sainte Vierge, Ludovie reçut à son baptême avec le nom de Louise celui de Marie, que devait porter comme elle chacune de ses sœurs.

Elle fut confiée aux soins d'une pieuse femme, nommée Colombe, qui la nourrit sous les yeux de ma mère, dont la faible santé, en cette circonstance, trahit comme en bien d'autres l'amour maternel. Colombe, deux ans plus tard, donna encore les mêmes soins à Amélie. Aussi, ma mère se plaisait-elle à appeler ses deux filles « *mes deux colombes* ; » nom symbolique, qui renfermait un présage, car les deux sœurs devaient un jour consacrer à Dieu leur virginité.

Ludovie n'avait que quatre ans, et déjà on pouvait remarquer que Dieu l'avait douée d'une grande bonté. Plus tard, cette tendresse excessive se trahissait souvent par des larmes, lorsque dans les conversations qui se tenaient autour d'elle quelque chose l'avait émue. Aussi avait-on coutume de s'avertir parfois et de se dire : « *Prenons garde, n'excitons pas sa sensibilité !* »

Avec ses premières qualités parut aussi son premier défaut, peut-être dirais-je mieux son unique défaut ; car ceux qui l'ont le plus connue n'en ont jamais découvert d'autre. Je veux parler de sa timidité, contre laquelle elle lutta toute sa vie. Ses Sœurs du noviciat nous disent qu'elles en découvraient parfois quelque ombre dans la conduite de Ludovie. Mais, ajoutent-elles, « elle savait toujours se vaincre quand le bien général et la charité y étaient intéressés. »

Toutefois dans sa première enfance il n'en était pas encore ainsi. Quand on la reprenait de sa lenteur, bien loin de s'excuser, elle gardait un silence absolu, voisin des airs boudeurs et maussades si naturels aux enfants. Et plus d'une fois, à voir son calme et son impassibilité, ma mère s'affligea dans la crainte que sa fille ne manquât plus tard d'énergie. Il n'en était rien pourtant et une grande vigueur de volonté, nous le verrons, était cachée sous ces dehors pacifiques.

Cependant, avec un caractère si doux on conçoit que Ludovie n'eut pas de peine à s'affectionner à la vie tranquille et réglée de Mont-Ravel. La pratique de l'obéissance lui était d'autant plus facile que son cœur affectueux la poussait constamment à chercher ce qui pouvait faire plaisir à ceux qu'elle chérissait, surtout à sa mère.

Il me souvient qu'un jour, tous réunis autour de la même table, nous faisions à la même heure nos devoirs; le désir de jouir plus tôt de notre récréation fit que nous abrégeâmes le temps de l'étude; et, tandis que nous allions désertant la salle de travail, ma mère au même instant y entrait. Elle y trouve Ludovie, seule, un peu triste, mais toujours occupée ; elle s'approche, la questionne sur son chagrin apparent : « *C'est qu'ils sont tous partis*, répond Ludovie, *et moi je reste, parce que je n'ai pas fini.* » Un baiser de ma mère lui rendit la joie.

Avec cette fidélité au devoir Ludovie méritait souvent les récompenses que ma mère ne manquait pas de nous proposer pour exciter notre émulation. Or, un jour qu'il était question de couronner le plus sage, le choix tomba sur elle. Ce jour-là la présence de M. le curé de Villars et de plusieurs parents rehaussait la solennité de la fête. Ludovie eut honte de se voir publiquement applaudie, et, ne pouvant supporter ce qu'elle appelait une injustice faite à sa sœur aînée, elle se mit à pleurer; il fallut l'emmener à l'écart et la soustraire au triomphe qui l'humiliait.

Depuis quelques années, ma mère était atteinte d'une surdité qui nous affligeait tous et lui imposait à elle-même de durs sacrifices. Nous voir causer autour d'elle sans nous entendre, ne pouvoir saisir nos réflexions pour y répondre, lui était une cause de profonde tristesse.

Pour se dédommager de cette privation, elle nous avait engagés à lui écrire chaque semaine, sur de *petits cahiers*, qui étaient déposés dans sa chambre, fidèlement et en secret, non-seulement la manière dont nous avions employé le temps, mais encore nos plus filiales confidences. Elle-même ajoutait au bas un mot d'encouragement, que chacun lisait avec joie, souvent même avec des larmes de bonheur.

Les *petits cahiers* de Ludovie nous offrent des traits touchants de son amour filial et de sa tendre piété.

Elle écrivait le soir d'une belle journée d'hiver :

« Je vais vous dire, chère petite mère, la manière admirable dont nous avons passé la journée. Après dîner nous sommes sortis; il faisait très-bon. Puis, cette herbe d'un si joli vert, ce ciel bleu sans aucun nuage, et surtout ce beau soleil annonçant le retour du printemps; chère maman, que j'étais heureuse! Je serais volontiers demeurée dehors jusqu'à quatre heures. Nous avons pris de la glace dans le *jet d'eau ;* elle était très-épaisse, et formait comme de petites perles blanches entre deux morceaux de cristal...

« Mais il faut que je vous parle aussi de mes devoirs. Malheureusement ma dictée n'a pas été bien faite : elle avait vingt fautes. Une autre fois, bonne mère, je m'appliquerai à ma dictée ; car je veux ce mois-ci être première en sagesse, pour me préparer à ma première communion et pour vous faire plaisir ainsi qu'à papa.

....

« Je vous dirai, chère maman, que j'ai voulu faire une petite mortification pour les agonisants, en ne faisant pas griller mon pain à goûter. Une autre fois, j'en ferai une autre. »

L'année suivante, sur un autre cahier, on lit à la date de janvier :

« Chère maman, je suis sûre que vous ne devineriez pas ce que je disais ce soir à Antoinette... Je lui disais que vous devriez nous donner la belle lampe tous les vendredis, lorsque nous vous écrivons, parce que les jolis oiseaux qui y sont dessinés nous donneraient des idées couleur de rose. Il semble que nous les entendrions chanter et que leurs chants doux et beaux rendraient aussi nos idées douces et belles.

« J'ai autant de plaisir d'aller à Saint-Etienne pour me confesser, que d'y aller pour toute autre raison ; parce que, lorsque je reviens de me confesser, je pense que j'ai non-seulement soulagé mon cœur, mais encore que j'ai rendu heureux l'Enfant Jésus, à qui je viens de promettre de ne plus l'offenser. »

Ludovie, on le voit, n'avait pas attendu l'époque de sa première communion pour s'approcher du tribunal de la Pénitence. De bonne heure, elle avait été habituée à accompagner Antoinette et Adrien dans leurs visites à M. Condamin, curé de Sainte-Marie. Mais ce fut surtout quand arriva ce moment solennel de la première communion que ce digne prêtre et ma mère redoublèrent de soin auprès de cette jeune âme.

L'attente du grand jour excitait en elle les sentiments de la plus douce ferveur ; et, dans les derniers mois qui le précédèrent, on ne pouvait plus lui en parler sans voir couler ses larmes.

A l'explication du catéchisme, que ma mère lui faisait chaque jour, se joignait la lecture du pieux livre : *Le Grand Jour approche*. Une fois, ma mère l'interrompit, au milieu de sa lecture, pour lui demander ce que signifie l'usage d'habiller les enfants en blanc le jour de leur première communion. Ludovie n'eut pas de peine à répondre que c'était une marque extérieure de la pureté et de l'innocence du cœur ; mais cette question l'avait attendrie et sa réponse fut accompagnée de larmes.

Ce fut le 7 mai 1857 qu'elle prit place, pour la première fois, au Banquet Eucharistique.

Je n'essaierai pas de dire quelles émotions se

pressèrent dans son âme, lorsque Jésus en eut pris possession. Pendant son action de grâces elle s'évanouit. On la transporta à la sacristie, où l'on eut de la peine à lui faire reprendre l'usage de ses sens. Les personnes qui l'y avaient accompagnée disaient en la regardant : « *Elle ressemble à un ange ; c'est une petite sainte.* »

Ces évanouissements se renouvelèrent les premières fois que Ludovie approcha de la sainte Table. Son émotion sans doute, plus encore que la délicatesse de sa santé, en était la cause.

Huit jours après sa première communion, Ludovie était confirmée des mains de Son Eminence le cardinal de Bonald.

Ces deux grandes actions de sa vie laissèrent dans son cœur un souvenir qui ne s'effaça jamais.

Mais ce qui mit le comble à sa joie, c'est que vers cette époque mon père fit construire à Mont-Ravel une petite chapelle, où elle avait le bonheur chaque dimanche d'entendre la sainte Messe au milieu de toute la famille et de recevoir souvent le Dieu de sa première communion.

Ecoutons-la nous raconter elle-même tout ce qui touche au commencement de ce sanctuaire. auquel son cœur s'était si fort attaché.

JOURNAL DE LA CHAPELLE.

A ma mère chérie.

« A vous, ma bonne mère, le petit recueil de mes plus chers souvenirs, inspiré par Dieu à mon cœur reconnaissant. Puisse cet épanchement de mes pensées et de mon affection répondre à vos désirs maternels.. . . . .

. . . .

« Ce fut le 6 août 1857, qu'on bénit le cher sanctuaire, qui fait la consolation de ma mère, la joie et le bonheur de tous. Les plus doux souvenirs de notre vie de famille sont venus s'y rattacher.

« Dieu semble avoir béni ce petit oratoire, que la piété de mes parents avait dédié à la sainte Vierge. Tout y était bien humble le jour où le divin Maître y descendait pour la première fois. La chapelle était petite, simple, sans autre ornement que des fleurs naturelles. Ce qui faisait le charme de la fête, c'était l'espérance et la joie de nos cœurs et la réunion de toute la famille à Mont-Ravel ; c'était surtout la pensée que dans ce pieux sanctuaire Dieu ne pourrait moins faire que d'exaucer les prières ardentes que nous lui adresserions pour la santé toujours très-faible de notre bonne mère.

« C'était même ce motif, joint à celui de l'éloignement de la paroisse, qui avait déterminé l'érection de la chapelle.

« M. le curé de Villars la bénit. Huit prêtres assistaient à cette cérémonie, ce qui lui donnait un air de solennité religieuse, que nous n'avons jamais oublié. Après l'évangile, M. le curé, prenant pour texte ces mots qu'il venait de lire : BONUM EST NOS HIC ESSE, *il nous est bon d'être ici*, nous adressa quelques paroles, que ma mère conserve comme le premier souvenir de notre cher sanctuaire. »

Cependant une ombre de tristesse vint ternir alors les beaux jours de Ludovie. Il avait été décidé qu'Antoinette serait mise en pension au Sacré-Cœur de la Ferrandière. Déjà, Ludovie avait vu Adrien échanger le petit pensionnat de Mont-Ravel contre le grand collége de Saint-Michel, que les Pères de la Compagnie de Jésus dirigeaient à Saint-Etienne, et Georges devait bientôt l'y accompagner. C'était donc trois places vides le soir au foyer de Mont-Ravel. Il n'en fallait pas tant pour faire couler les larmes de Ludovie.

Dans un de ses *petits cahiers* elle écrivait à ma mère :

« J'ai eu un A à la sagesse. Il faut que je vous en dise la raison : depuis quelques jours j'avais une idée qui me rendait fort triste, et Mademoiselle m'avait surprise à pleurer; je pensais à ce que je ferais lorsqu'Antoinette serait en pension. Mademoiselle m'avait dit que si je dominais cette tristesse j'aurais un A; et c'est pour cela que j'en ai mérité un... Vous êtes si bonne, ma chère maman, que je ne sais pas qui oserait ne pas vous dire toutes ses peines. Pour moi, si j'avais fait une grosse sottise, j'aimerais mieux vous l'avouer tout de suite, que de la garder sur la conscience; on est si mal à l'aise... »

Une autre fois:

« Vous ne sauriez croire, ma chère maman, combien ce que vous m'avez écrit m'a donné du courage et a ranimé ma force!... Cependant, j'ai pleuré en lisant vos paroles si douces, si pleines de bonté... Je comprends la nécessité qu'Antoinette aille au Sacré-Cœur ; et si tout le monde pleurait dans la maison, papa, vous, mes frères, il y aurait une inondation de larmes. »

Les larmes de Ludovie revinrent plus d'une fois ; elle écrivait encore à ce sujet :

« J'ai été triste et ennuyée de nouveau ; je ne sais pourquoi. Vous ne sauriez croire le besoin que j'avais de vous écrire ; si bien que je prenais un morceau de papier pour le faire, lorsque le baptême du petit de François est venu me distraire. Cela m'a fait penser que j'ai à vous remercier de m'avoir choisie pour marraine ; je suis fière d'avoir un filleul...

« Chère petite mère, j'ai une grande grâce à vous demander ; je vous laisse à deviner... Mais ma langue ne peut plus la garder ; il faut que je la dise : c'est d'aller à la Messe de minuit. A présent, je vous ai tout dit ; je n'ai plus rien à désirer, si ce n'est la guérison de ma chère maman.

« Je suis contente, chère petite maman ; je suis déchargée de toutes mes peines, et mon cœur nage dans le bonheur et l'espérance. Je n'étais pas moins ennuyée l'autre jour, que je suis heureuse aujourd'hui d'avoir fait des efforts sur moi-même... Jésus, dont nous célébrons la naissance, a souffert beaucoup sans se plaindre. En l'imitant autant que je pourrai, j'espère devenir telle que vous le désirez. »

L'approche de l'anniversaire de sa première communion rendait la joie à Ludovie, et séchait les larmes que venait de lui faire répandre le départ d'Antoinette pour le Sacré-Cœur de la Ferrandière. Ce double souvenir s'unit dans son cœur au désir de voir notre bonne mère guérie.

« Chère petite mère, je pense souvent à renouveler ma première communion ; et je prie Dieu chaque jour pour la bien renouveler, afin que cette fête soit pour moi et pour toute la famille une source de bénédictions et de grâces.

« J'ai fait bien des efforts; je ne pleure plus sur le départ d'Antoinette... Vous verrez, bonne mère, que je vous tiendrai au courant de tout ce qui se passera, comme elle le faisait. Vous croirez l'entendre de vos propres oreilles; et vous pourrez dire que je sais parler et me taire à propos... Je m'amuse de bon cœur; et ma joie ne sera plus mêlée d'amertume. »

Pendant un voyage de ma mère au Sacré-Cœur de la Ferrandière, Ludovie lui écrivait :

« Revenez bien vite, bonne petite mère, m'embrasser et me donner des nouvelles de ma chère Antoinette. Il me tarde de savoir si elle est toujours aussi gaie que le jour où elle m'a écrit. J'attends d'elle une réponse. Oh ! la petite sotte, elle m'oublie... Je pense bien à elle cependant. »

« La semaine qui va suivre, écrit-elle, à la fin

de mai 1858, commencera pour moi une nouvelle année, puisque je vais avoir douze ans... Je veux que Mademoiselle puisse vous dire que j'ai changé de conduite en changeant d'année. Que j'aime ce mois de mai! ce mois des deux plus belles actions de ma vie : ma première communion et ma confirmation. Je me souviendrai toujours de ces deux dates : 7 mai, 15 mai.

« Le moment approche, chère maman, où vos oreilles vont s'ouvrir ; et la joie de vos petits enfants sera au comble. J'ai bien pensé à vous dimanche, au moment de la communion. J'ai prié le bon Dieu de vous accorder votre guérison entière. Mais patience; Dieu peut pour notre bien ne pas nous accorder tout de suite cette grâce que je lui demande. Cependant ce bonheur arrivera un jour, pour rendre toute votre petite famille heureuse. »

Plus tard :

« Hélas! chère maman, rien n'est arrivé. Cependant je suis tout de même contente ; je vous ai entendue dire que vous vous trouviez moins sourde. Il faut que je vous avoue que je me flatte d'attribuer cela à mes prières. Depuis huit jours je ne me serais pas couchée sans adresser pour vous une prière à la sainte Vierge ; et, presque toutes les fois que j'allais dans ma chambre, je disais un *Souvenez-vous* à la même intention ; et, comme remercier est le moyen d'avoir encore, dimanche je n'ai entendu la Messe que pour honorer et pour remercier la sainte Vierge de ce qu'elle m'a un peu exaucée. »

Ludovie, ainsi qu'on le voit par cette correspondance, était toute pénétrée du désir et de l'espérance d'obtenir la guérison de sa mère. Son amour filial et sa grande dévotion envers la sainte Vierge lui inspiraient une touchante confiance.

Un jour, la petite croix d'argent, qui lui avait été donnée à sa première communion et qu'elle portait toujours sur elle, tomba par hasard entre les mains de ma mère, qui l'ouvrit et y lut, sur un papier placé au dedans, cette demande écrite par sa fille : « *Mon Dieu, guérissez la surdité de ma mère.* »

Une circonstance augmenta encore sa confiance. Au printemps de 1858 elle accompagna ma mère aux eaux de Néris avec Antoinette.

L'hôtel de l'hospice, où elles avaient pris leur logement, réunissait cette année une agréable société. Mgr Pie s'y trouvait, ainsi que plusieurs ecclésiastiques distingués. Après le repas du soir on se rendait au salon. La conversation était intéressante et animée ; les deux sœurs, sans pouvoir toujours la suivre, l'écoutaient cependant avec plaisir. Seule ma mère ne pouvait y prendre part.

Un jour on vint à parler de l'apparition de la Salette ; le visage de Ludovie se couvrit tout à coup de larmes. Surprise, ma mère voulut en savoir le motif ; mais ses questions ne firent qu'augmenter l'émotion de Ludovie. Tous les yeux se tournèrent vers cette enfant, et chacun s'intéressa à elle. Entendre le récit merveilleux de l'apparition et des miracles déjà obtenus à la Salette était en effet pour elle la plus attrayante des histoires ; et chaque fois que la conversation revenait sur ce sujet, on remarquait sur son visage la même émotion.

Dans sa foi sans doute elle croyait plus à l'efficacité des remèdes surnaturels, qu'à celle de tout autre ; et volontiers elle eût dit à sa mère : « *Bonne mère, voilà votre remède.* »

Mais ce que Ludovie n'osait faire, une autre le fit. Parmi les personnes qui prenaient les eaux, se trouvait une dame, qui avait fait le pèlerinage de la *Sainte Montagne*. Elle offrit, un jour, à ma mère un flacon d'eau de la fontaine miraculeuse. Ludovie avait été témoin du don de ce flacon. Quelques jours après, remarquant que l'eau n'en diminuait pas, elle s'en étonna à tel point, que ma mère dans la crainte d'attrister la foi de son enfant résolut d'ouvrir enfin le flacon. Si aucune amélioration ne survint alors, la confiance du moins s'établit et s'accrut à tel point que l'année suivante, poussée par l'intime espérance de sa guérison, ma mère elle aussi voulut gravir la *Sainte Montagne* et faire son pèlerinage. Ludovie le fit avec elle; elle en partagea vivement les joies et les douces impressions. Et, comme au jour de sa première communion, son émotion se trahit par une défaillance, lorsqu'elle voulut approcher de la sainte Table. Depuis ce premier pèlerinage sa dévotion envers Notre-Dame de la Salette augmenta beaucoup, et elle prit l'habitude de l'invoquer comme médiatrice auprès de Dieu dans ses prières. Sans doute elle obtint bien des faveurs par l'intercession de cette puissante médiatrice. Mais il n'entrait pas dans les desseins de Dieu de lui accorder la consolation de voir ma mère guérie de sa surdité.

Pendant les vacances de cette même année 1858, Antoinette ayant eu une fièvre très-grave, on décida à la grande joie de sa sœur qu'elle ne retournerait pas à la Ferrandière.

Mais hélas ! en apprenant cette heureuse décision, Ludovie apprit aussi qu'on songeait à l'envoyer elle-même avec Amélie au Sacré-Cœur d'Annonay. Les instances d'une de nos tantes habitant près de cette ville avaient décidé mes parents à fixer leur choix sur cet établissement pour mes plus jeunes sœurs.

Ludovie accueillit cette nouvelle par un torrent de larmes. Peut-être, si Antoinette fût retournée en pension, aurait-elle trouvé dans son énergie assez de force pour accomplir la volonté maternelle et pour faire généreusement son sacrifice. Mais le lui demander au moment où, retrouvant sa sœur bien-aimée, elle rêvait la plus douce vie passée avec elle auprès de ma mère, c'était lui demander plus qu'elle ne pouvait. Sa douleur fut si profonde, que ma mère, en redoutant les suites pour sa délicate santé, crut prudent de ne plus lui parler de séparation et la garda auprès d'elle. Amélie partit donc seule pour Annonay, où elle resta jusqu'en 1865 ; et Antoinette et Ludovie se remirent à travailler ensemble à Mont-Ravel sous la direction d'une nouvelle Institutrice.

Au moment où Ludovie commençait cette paisible vie d'étude avec Antoinette, une grande faveur venait d'être accordée à la famille. Après des demandes souvent réitérées, mes parents avaient enfin obtenu de Rome la permission d'avoir la sainte Réserve dans la chapelle de Mont-Ravel.

« Quelle grâce, s'écrie Ludovie, et que de joie cette faveur apportait à notre paisible vie de famille. Comme la piété devenait facile sous le regard du divin Maître!.. Bien que nous ne comprissions pas alors toute l'étendue de cette faveur, ma mère cependant savait nous inspirer un respect profond pour tout ce qui touchait à notre cher sanctuaire. Bientôt du reste les petites visites au Saint-Sacrement, que nous pouvions renouveler si souvent, devinrent notre plus chère dévotion. »

Ludovie obtint en même temps une récompense de sa piété, qui la combla de joie.

« Ma mère qui jusque-là, dit-elle, s'était occupée de la sacristie, me confia cette fonction et se reposa sur moi du soin de la lampe. Dire combien j'ai aimé ce service quotidien du bon Dieu... je ne le pourrai jamais... Orner la chapelle, la balayer, y entretenir des fleurs, était pour moi un bonheur que je n'aurais voulu céder pour quoi que ce fût; et toutes ces fêtes me sont restées bien profondément gravées au cœur. »

Posséder ainsi Notre-Seigneur auprès d'elle :

pouvoir le servir doublement, en lui obéissant d'abord et en s'occupant ensuite de l'entretien de sa demeure ; je ne crois pas me tromper, en disant que c'étaient, à Mont-Ravel, les deux plus grands bonheurs de Ludovie.

II

LES DEUX SŒURS

M. le chanoine Tirotti. — Occupations de Ludovie à la campagne et à la ville. — La Sœur Marie-Elisée.

Le premier hiver qu'Antoinette et Ludovie passèrent ensemble fut marqué par le séjour que fit dans la famille M. Gaëtan Tirotti, chanoine de la cathédrale de Plaisance.

C'était un vénérable prêtre, chassé comme tant d'autres de son église et de sa patrie. Mon père lui avait offert l'hospitalité à Mont-Ravel : il y passa six mois, pendant lesquels il s'occupa surtout de mon éducation et de celle de mon plus jeune frère.

« Sa gaité et la sérénité de son visage au milieu de ses souffrances, écrivait Ludovie, étaient pour nous une leçon et un modèle de résignation à la volonté de Dieu. Notre famille était devenue la sienne, tant il sentait vivement tout ce qui nous touchait. Ses soins pour mes frères étaient paternels. Il les suivait dans les moindres détails ; et, malgré son âge avancé, il se prêtait à leurs jeux, à toutes leurs exigences d'enfant, s'attribuant même, dans son humilité, les fautes de leur légèreté. Nous en étions parfois confondus. Quand mon père ou ma mère lui témoignait leur désir d'adoucir les jours de son exil, il répondait avec un accent, qui ne laissait nul doute à sa sincérité, qu'il était heureux et parfaitement consolé dans sa *petite cathédrale de France*. C'était toujours ainsi qu'il nommait la chapelle. »

Aux soins qu'il nous donnait M. le chanoine joignit des leçons d'italien pour Antoinette et Ludovie. Cette langue fut enseignée à mes deux sœurs de la manière la plus intéressante. Des thèmes composés pour elles et qui étaient toujours d'un charmant à-propos ; des lectures variées, faites en français sur un texte italien, excitaient l'émulation et faisaient de cette étude une véritable récréation.

La douceur habituelle de Ludovie, dans le blâme comme dans la louange, frappait surtout le digne chanoine. Sans connaître le passé, il ne trouva rien de mieux pour traduire son admiration que le surnom de *Candida Colomba*, qu'il se plaisait à lui donner. D'autres fois, remarquant qu'on l'appelait familièrement en famille *la Biche*, il lui donnait sous forme de plaisanterie le nom de *Biscia*, qui en italien veut dire *couleuvre*. Et le nom de *Biscia*, comme celui de *Candida Colomba*, était toujours accueilli par Ludovie avec le même sourire et la même bonne humeur.

Le 2 février, fête de la Purification de la sainte Vierge, était née la dernière enfant de la famille. Le vénérable Chanoine, qui la baptisa, voulut lui donner son nom. Elle fut appelée Marie-Gaëtane. C'était un touchant souvenir que ce digne prêtre laissait à la famille avant de la quitter.

Bientôt en effet un frère mourant, près duquel veillait seule une sœur âgée, le rappela en Italie.

Il partit le 6 mai 1861. « Je le vois encore la veille de ce jour, écrit Ludovie, nous dire en se mettant à table pour la dernière fois : « *Ne parlons pas de* « *départ ; quand on s'est attaché à une famille, il est*

« *bien dur de s'en séparer; mais c'est la volonté de* « *Dieu.* » Au moment de nous quitter, il ne put retenir ses larmes en disant adieu à ma mère. Nous étions tous émus. »

Si Ludovie conserva pour ce digne prêtre une profonde vénération, lui, de son côté, eut toujours pour elle un souvenir spécial et un mot aimable dans l'occasion. Ainsi dans une lettre à ma mère il disait à l'adresse de Ludovie :

« *Madamigella Lodovica, Biscia carissima, quando mi verrà l'annuncio della sua professione religioza et della sua nomina a Madre superiora delle Dame del Sacro-Cuore? Ecco i voti che ti presento et che desidero di veder verificati.* »

M. le chanoine reconnaissait-il dans ma sœur les marques d'une vocation religieuse, pour lui répéter par lettre ce que si souvent il avait dit d'elle plaisamment à Mont-Ravel, que la *Biscia* serait un jour *Mère abbesse?* Je ne sais; mais ce qu'il y a de certain, c'est que personne dans la famille, hormis peut-être Ludovie, n'y pensait alors.

Après le départ de M. Tirotti, j'allai rejoindre avec Paul mes frères aînés à Saint-Michel. Antoinette et Ludovie se retrouvèrent ainsi absolument seules auprès de ma mère et de notre petite sœur.

Les liens déjà si étroits de leur affection se resserrèrent encore; et c'est vraiment alors qu'elles devinrent, comme elles s'appelaient elles-mêmes, *les inséparables*. Elles étaient ensemble à la prière comme au travail. A la ville, comme à la campagne, on les voyait marcher à côté l'une de l'autre, toujours habillées de même, au point qu'après le mariage d'Antoinette ce fut une tristesse pour Ludovie de ne pouvoir plus être vêtue comme sa sœur. Une séparation même momentanée lui coûtait.

La Supérieure du Sacré-Cœur d'Annonay avait invité Antoinette et Ludovie à la clôture d'une retraite. Ma mère, qui les y accompagna, prit son logement à l'hôtel avec Antoinette, tandis que Ludovie passa au Sacré-Cœur les deux nuits de ce court séjour. Cette séparation lui fut très-sensible. Elle n'avait pas coutume de vivre si longtemps séparée de sa mère et de sa sœur.

« Je ne crois pas, dit Antoinette, avoir quitté Ludovie une demi-journée pendant cinq ans. Ces journées, maintenant que je les vois à la lumière des grâces que Notre-Seigneur lui a faites, étaient bien la meilleure préparation qu'elle pouvait apporter à celles qui ont couronné sa vie. »

En effet, pendant ces cinq années et jusqu'à son

entrée au noviciat, Ludovie fut d'une régularité et d'une fidélité à ses devoirs, dont Antoinette ne pouvait assez admirer la perfection.

Quand elle se retirait dans sa chambre pour prendre son repos, elle y gardait ordinairement le silence jusqu'au matin après sa toilette; et si exactement, que souvent sa sœur lui disait : « *Ludovie, tu as donc fait vœu de silence, que je ne puis te faire parler ?* »

Elle gardait près de son lit un petit livre qui lui était cher ; il avait pour titre : LES PLAINTES ET LES COMPLAISANCES DU SAUVEUR ; et tous les soirs, elle seule (car elle tenait beaucoup à tirer elle-même), après avoir fait le signe de la croix sur ce petit livre, l'ouvrait au hasard et disait à sa sœur : « *Antoinette, nous allons voir si Notre-Seigneur est content de toi.* » Puis elle en faisait autant pour elle-même.

Chaque page commençait par ces mots : JE ME PLAINS OU JE SUIS CONTENT.

Parmi ces sentences, il y en avait une que Ludovie affectionnait particulièrement; c'était celle qui était terminée par cette oraison jaculatoire : *Seigneur, je ne refuse pas la peine ; si vous voulez que je travaille : me voici. Mais si vous voulez m'appeler à vous, oh! soyez-en béni.*

Le temps n'était plus où les heureux habitants de Mont-Ravel y passaient l'année tout entière. Du moins s'y rendait-on aux premiers beaux jours de printemps pour ne l'abandonner qu'avec le dernier soleil d'automne.

On ne saurait dire combien cette vie paisible de la campagne avait de charmes pour Ludovie. Son cœur se dilatait alors et s'ouvrait à toutes les douces impressions que fait naître, dans une âme simple et chrétienne, le spectacle de la nature.

Le mois de mai surtout, qui lui rappelait le souvenir de tant de grâces reçues, avait ses prédilections. Elle l'attendait avec impatience. Et pour bien fêter la sainte Vierge, elle aurait voulu que, pendant ce mois, le ciel fût toujours sans nuage et que le soleil ne manquât pas un seul jour de répandre la joie sur la terre, comme le nom de Marie la répandait dans son cœur.

Les fleurs avaient pour elle un vif attrait. Elle aimait à se délasser avec Antoinette dans l'étude de la botanique. Pour cela, elles faisaient ensemble des courses autour de Mont-Ravel, allant dans les champs à la découverte de nouvelles fleurs. Lorsque, la première, Ludovie était parvenue à en analyser une qu'elle ne connaissait pas encore, c'était une joie et une satisfaction qu'elle ne pouvait contenir et qui éclataient malgré elle sur son visage.

Tous les dimanches un Père Jésuite venait célébrer la Messe à Mont-Ravel. Ce jour-là, Ludovie se rendait à la chapelle plus matin qu'à l'ordinaire préparait ce qui était nécessaire à la célébration du saint Sacrifice, et attendait dans la prière que l'heure en fût venue.

Après la Messe, quand elle avait été dite par le Père M***, il y avait leçon d'italien pour les anciennes élèves du Chanoine. Et, comme ce dernier, le Père M*** se plaisait à remarquer dans Ludovie cette égalité d'humeur et cette douce humilité, qui ne se démentaient pas plus dans le blâme que dans la louange.

Le soir, après les vêpres de la paroisse, Ludovie aimait à se joindre aux congréganistes de Villars et à les suivre dans la salle où elles répétaient leurs cantiques. Elle trouvait dans ces réunions un aliment à sa piété ; et puis, un souvenir particulier et cher l'attachait à ces congréganistes.

Elle les avait vues se consacrer à la sainte Vierge dans la chapelle de Mont-Ravel, à la fin d'une retraite. « Elles entendirent là, dit-elle, leur dernière instruction, chantèrent quelques couplets, après lesquels le R. P. V*** voulut bien leur distribuer des images en souvenir de leur consécration. C'était la première fête qui eût lieu dans notre modeste sanctuaire. Comme si Dieu eût voulut nous montrer que c'était par l'intercession de la sainte Vierge, qu'il devait répandre sur nous ses faveurs. »

Chaque année venaient aussi se consacrer à Marie, le jour de leur première communion, les petites filles du village, et le 21 novembre, toutes les enfants de l'école des Sœurs. C'était une vraie consolation pour Ludovie de contempler ces jeunes enfants, remettant entre les mains de Marie leur innocence si souvent exposée.

En 1863, au mois de juin, il y eut à Mont-Ravel une fête solennelle. Son Eminence le cardinal de Bonald venant donner la confirmation à Villars, accepta l'hospitalité que mon père lui avait offerte et passa à Mont-Ravel deux jours, dont Ludovie garda un profond souvenir.

« Dans l'après-midi, dit-elle, Monseigneur fit avec bonté la visite pastorale de la chapelle, s'informant exactement de la manière dont tout était tenu. Pour lui donner un air de fête, nous l'avions ornée aussi bien que possible. Son Eminence s'y retira dans la soirée pour y faire son adoration ; puis, voulut bien nous donner la bénédiction du

Très-Saint Sacrement, faveur à laquelle nous n'avions point songé. Une petite illumination fut bientôt improvisée sur l'autel, et notre cher sanctuaire retentit pour la première fois du chant du *Tantum ergo* et du *Laudate*. Je n'ai pas besoin de dire avec quelle ardeur ils furent entonnés ; nos cœurs dirigèrent nos voix La prière du soir faite en commun termina cette pieuse journée.

« Le lendemain trois Messes étaient célébrées successivement dans la chapelle. Celle de Son Eminence le Cardinal, servie par nos frères, nous réunit au saint Banquet. Nous ne pouvions mieux clôturer nos fêtes qu'en les marquant par cette sainte action. Monseigneur reprit ensuite sa tournée pastorale, nous laissant pénétrés de reconnaissance.

« Après ces deux jours de si douce union, continue Ludovie, pour qui ces saintes fêtes de famille étaient toujours trop rapides, il semblait que nous ne devions plus nous séparer. Cependant le soir même du départ de Monseigneur mes frères devaient rentrer exactement au collége. Toute la famille fut bientôt dispersée ; et j'avoue que la séparation nous parut bien pénible... Mais deux mois s'écoulèrent bien vite, et le bonheur d'être réunis pendant nos grandes vacances fut, je crois, plus apprécié qu'il ne l'avait jamais été. Notre affection les uns pour les autres semblait avoir subi l'influence des bénédictions reçues pendant cette visite.

« Que nous manquait-il d'ailleurs pour aimer et servir Dieu, comme il devait l'attendre d'une famille qu'il avait toujours particulièrement protégée ? »

Cependant l'hiver ramenait chaque année mes deux sœurs à Saint-Etienne. Elles y continuaient leurs études sous la direction de la même institutrice, Mademoiselle J***, dont plusieurs jeunes personnes de la ville suivaient aussi les leçons.

Pour se délasser de ses études, Ludovie n'avait plus à Saint-Etienne les douces et saintes distractions que lui offrait Mont-Ravel, avec sa chapelle, son jardin, ses fleurs, son air pur et libre. Elle savait pourtant alors se rapprocher de Dieu par la pratique des bonnes œuvres et par d'utiles lectures.

Ces dernières, surtout, avaient une large part dans ses soirées d'hiver. Elle lisait à haute voix, s'efforçant d'être entendue par ma mère, *les Entretiens spirituels* du P. de Ravignan ; *la Vie de sainte Chantal; les Lettres* d'Eugénie de Guérin; ou encore les Œuvres de Mme Swetchine.

Elle aimait la pieuse inspiration de ces femmes, remarquables par leur caractère et leur foi, qui ont écrit avec le cœur le récit de leurs propres actions, exprimant dans un langage plein de vérité leur attachement pour Dieu et pour leur famille. Ludovie se réjouissait de voir ainsi traduits par d'autres les sentiments qu'elle éprouvait elle-même, et il lui arrivait de s'approprier tellement certaines maximes de son goût, qu'elle s'en faisait comme des principes et des règles de conduite.

« Souffrir sert à tout, note-t-elle un jour, souffrir apprend à souffrir, souffrir apprend à vivre, souffrir apprend à mourir.

« Il n'y a que deux futurs que l'homme puisse s'appliquer avec certitude et sans orgueil : *je souffrirai* et *je mourrai.*

« C'est surtout dans le sacrifice qu'il faut réaliser la foi. »

Ceux qui n'ont connu Ludovie qu'à demi, et, pour ainsi dire, qu'à la surface, se demanderont peut-être quelles souffrances a pu connaître ce cœur toujours si pur et si serein, si aimant et si aimé. Pas d'autres sans doute que celles que lui causait la perspective de la séparation, que Dieu lui demanderait un jour, et dont elle eut de bonne heure connaissance. Et dans son cœur si attaché aux siens, cette pensée soulevait des orages. C'est là, je n'en doute pas, ce qui lui faisait trouver une secrète consolation à noter ces réflexions sur la souffrance.

Un autre jour elle recueillait celle-ci, qui répondait si bien à ses aspirations :

« Chimère pour chimère, comment la perfection n'est-elle pas celle de tous les hommes ?... »

Son zèle la poussait à faire du bien autour d'elle ; parfois elle s'affligeait de n'avoir pas réussi au gré de ses désirs, d'autres fois elle craignait de n'avoir pas fait assez. Pour se consoler et se soutenir, elle s'était appliqué ces deux réflexions :

« On doit la vérité à qui la demande ; mais on n'est pas, grâce à Dieu, obligé de la persuader. »

« Les joies de la piété ne sont comprises que par ceux qui les goûtent. De tous les bonheurs, c'est celui dont l'expression doit être la plus mesurée et la plus humble, devant ceux qui ne la partagent pas. »

Dans son amour ardent pour Dieu, elle s'efforçait de le servir pour lui seul et sans songer à la récompense. Aussi elle avait trouvé de son goût cette gracieuse pensée :

« O mon Dieu, ce n'est pas la gloire du ciel que j'envie ; ce n'est pas d'y régner que je demande ;

c'est encore de vous y servir ! Ah ! si dans le ciel il y avait des sœurs converses, et que j'en fusse !... »

C'est dans ces fortifiantes lectures, que Ludovie passait une partie de son temps à Saint-Etienne. Elle disait quelquefois :

« Oh ! je ne comprends pas comment une femme ose dire qu'elle s'ennuie. Je ne comprends pas qu'une personne privée de famille et sans distractions, ne sache pas se créer celle de noter les pensées de son cœur pour Dieu et ses réflexions pieuses ; il y a là une consolation. »

Elle avait écrit sur la *Chapelle* un autre journal que celui dont j'ai parlé. Il renfermait moins le récit des fêtes de famille se rattachant au petit oratoire, que la libre expansion des sentiments de son âme. C'était surtout une immense reconnaissance pour le privilége, que sa foi lui faisait apprécier avec tant de bonheur, de vivre presque sous le même toit que Notre-Seigneur, de le servir, d'entretenir la petite lampe qui brûlait jour et nuit devant son tabernacle et de pouvoir en liberté le visiter et l'adorer.

Ce journal tomba un jour sous la main d'Antoinette, qui, en ayant lu quelques passages, en fut vivement touchée. C'était l'âme de Ludovie s'épanchant devant Dieu. « Elle y parlait surtout de sa vocation, dit Antoinette, elle y traçait comme l'exposé du sacrifice qu'elle aurait à faire en nous quittant. C'était déchirant de tendresse. Aussi elle ne voulut le montrer à personne, et elle le détruisit. »

Ce fut là peut-être un acte d'humilité ; mais je crois cependant plus volontiers, avec Antoinette, que notre chère sœur craignit de trop faire souffrir les siens, en leur révélant tout ce que son propre cœur avait souffert.

Amélie, elle aussi, trouva un jour ce cahier ouvert sur le bureau de Ludovie ; elle s'arrêta saisie d'étonnement et de respect après en avoir lu quelques lignes.

Qu'il est regrettable qu'elle n'ait pas poussé plus loin son indiscrétion !... Certainement ces pages eussent été les plus belles de ce récit.

Il nous reste deux autres journaux de Ludovie, que nous lirons prochainement. Intimes et tendres comme celui-là, ils nous donneront peut-être quelque idée de ce qu'il devait être.

Une occupation chère au cœur de Ludovie à Saint-Etienne, était de remplacer ma mère auprès de Marie-Gaëtane. Elle lui apprit à lire, lui expliqua le catéchisme, et, jusqu'à son entrée au noviciat, s'occupa constamment d'elle. Il n'est pas besoin de dire si l'élève chérissait la maîtresse, et si la maîtresse était dévouée à l'élève.

Ludovie aimait déjà cet emploi, qu'elle devait plus tard exercer, avec tant de zèle et d'application, auprès d'autres enfants.

A Saint-Etienne, ma sœur n'avait pas la facilité de visiter ausi fréquemment Notre-Seigneur, encore moins le plaisir d'orner son autel. Mais elle y suppléait par l'empressement et la ferveur qu'elle mettait à se rendre aux offices de la paroisse.

Elle entendait tous les jours la Messe de huit heures avec Antoinette. Si par hasard elles arrivaient à l'église, la Messe commencée, Ludovie était visiblement contrariée et au retour elle disait à Antoinette : « *Vraiment c'est honteux; être si près de l'église et n'avoir pas eu le commencement de la Messe !* » Aussi restait-elle un moment après, afin de suppléer, disait-elle, à la partie du saint Sacrifice à laquelle elle n'avait pas assisté.

A genoux ou assise, elle était immobile, les yeux baissés, à tel point qu'Antoinette craignait souvent qu'elle ne fût fatiguée; et plusieurs fois il lui arriva de dire familièrement à sa sœur au sortir de l'église : « *Je t'en prie, fais donc quelques mouvements, regarde au moins l'autel, afin que je voie que tu es de ce monde; car je pourrais croire que tu es morte.* » Et pour toute réponse Ludovie souriait, selon son habitude.

Ne pouvant plus se mêler en hiver aux pieuses congréganistes de Villars, elle assistait avec Antoinette aux réunions des Enfants de Marie, dont elles faisaient partie. Si là il y avait plus de modeste retenue et ici plus de libre abandon; il y avait, des deux côtés, plaisir pour Ludovie et édification pour les autres.

« Je ne me souviens pas, dit Antoinette, de l'avoir jamais entendue manquer à la charité. Lorsque entre nous la conversation prenait un ton de critique, elle se taisait. »

Cependant elle n'était point morose, et elle apportait à ces réunions sa douce gaîté et sa simplicité habituelle de cœur et d'affection. Parmi toutes les jeunes filles qui l'y ont connue, elle a laissé un parfum de suavité et de sainteté qu'aucune n'a oublié.

Peu après sa mort, l'une d'elles disait à Antoinette : « Que je suis contente! J'ai connu et j'ai eu une sainte pour amie! J'ai déjà obtenu une grâce par son intercession le lendemain même de sa mort... Oh! je ne m'inquiète plus de rien maintenant, Ludovie m'obtiendra tout ce dont j'ai besoin... » C'est ainsi qu'elle portait l'édification avec elle, et faisait sentir partout sur son passage l'influence de ses aimables vertus.

Mlle J*** avait remarqué chez Ludovie cette grande délicatesse, qui attire et enchaîne les cœurs. « Si parfois une de ses compagnes, dit-elle, ne pouvait répondre à une question faite par Ludovie : « *Je ne l'avais pas bien posée,* » disait celle-ci en rougissant. Si l'une d'elles n'osait lire son devoir : « *Voulez-vous que je vous le lise?* » lui disait Ludovie, et en même temps elle s'emparait du cahier de sa compagne et se mettait à le lire. »

Je ne parle pas ici des relations de famille, ordinairement plus fréquentes à la ville qu'à la campagne. Ce fut toujours une joie pour Ludovie que ces réunions où les liens de l'affection se resserrent. Mais, lorsque, perdant de leur intimité, elles revêtaient un caractère de représentation plus froid et plus mondain, Ludovie y prenait aussi moins de plaisir et y trouvait parfois l'occasion de bien des actes de vertu.

Elle savait cependant céder aux désirs de mes parents, lorsque des devoirs de politesse les obligeaient à la conduire dans quelques soirées. Elle y paraissait alors avec cette modestie et cette aimable réserve qui, plus que toute autre parure, l'aurait fait aimer du monde, si elle eût cherché à s'en faire aimer.

Dans une de ces fêtes, assez nombreuse, après avoir consenti à danser un *quadrille*, elle fut invitée par son cavalier à essayer une *polka*. « *Je ne la danse pas* », dit Ludovie. Le jeune homme fit des instances; Ludovie persista dans son refus. « Sans doute, Mademoiselle a été élevée au couvent? » reprit son interlocuteur. « *Je n'ai pas été en pension et n'ai jamais quitté ma mère,* » répondit Ludovie. Plus surpris encore que cette mère n'eût pas mieux achevé l'éducation de sa fille : « Eh bien, Mademoiselle, dit le jeune homme un peu embarrassé, il faudra l'apprendre, afin que l'hiver prochain nous puissions la danser ensemble. » Inutile de dire que la recommandation resta sans effet. Le cœur de Ludovie était trop plein d'autres joies, pour s'en laisser distraire par les invitations du monde.

Si, au retour de semblables fêtes, mon père, qui connaissait bien les sentiments de sa fille, lui citait plaisamment, comme pour exciter en son âme des remords qu'elle ne connut jamais, ces paroles de l'Imitation : « *Les joies du soir rendent triste le lendemain,* » Ludovie en souriant levait les yeux vers lui ; et son sourire voulait dire : « *Le sacrifice du soir rend plus heureux le lendemain.* »

Aussi se sentait-elle attirée vers les âmes saisies, comme elle, du dégoût de ce monde et possédées du seul amour de Dieu.

Au magasin de mon père, il y avait une jeune ouvrière, orpheline, nommée Marie. Simple, bonne, peu attachée au monde, où elle ne connaissait guère de cœur qui l'aimât, elle trouvait du plaisir à rendre service à ma mère et faisait habituellement ses commissions en ville. Mademoiselle Ludovie et la *petite* Marie se voyaient donc souvent... Leurs âmes se comprirent. Elles aimèrent à se rencontrer et à s'entretenir ensemble. Que se disaient-elles dans ces rapides entretiens ?... Dieu le sait. Mais elles étaient souvent émues, quand elles se séparaient. Un jour même, on les vit se quitter l'une et l'autre en pleurant.

Au bout de quelque temps la *petite* Marie demanda son congé ; Ludovie se dépouilla pour elle de son cher livre DES PLAINTES ET DES COMPLAISANCES DU SEIGNEUR ; ma mère lui fournit un trousseau de religieuse ; et l'heureuse orpheline se retira au couvent des Sœurs de la Sainte-Famille à

Lyon. Elle y vécut quelques années sous le nom de Sœur Marie-Elisée, et y mourut jeune, elle aussi.

Ludovie n'oublia jamais son ancienne protégée. Voici la première lettre qu'elle lui adressa ; elle est pleine d'esprit de foi et de charmante simplicité :

CHÈRE SŒUR MARIE-ELISÉE,

« Comment faut-il vous faire oublier notre retard, et vous remercier en même temps de votre aimable petit billet ? Par une bonne et longue lettre, n'est-il pas vrai ?

« Il me semble que j'ai beaucoup de choses à vous dire ; mais, comme c'est la première fois que j'écris à une religieuse, je me sens presque arrêtée par un pieux respect.

« Cependant, si votre position nouvelle m'impose ce sentiment, chère Marie, il me semble qu'elle doit avoir imprimé dans votre cœur beaucoup de bonté et d'indulgence pour ceux qui n'ont pas été appelés, comme vous, à servir le bon Dieu dans une communauté religieuse. Aussi, je veux vous parler avec gaîté et simplicité, comme Notre-Seigneur veut être servi.

« Je vous remercie, chère sœur Marie-Elisée, des bons souhaits que vous formez pour moi. Je vous les rends de tout mon cœur; et, en retour de vos bonnes prières, je demanderai pour vous à Notre-Seigneur la générosité et la ferveur dans son service. Je crois que c'est là tout ce que vous désirez et ce qui peut vous rendre heureuse.

« Lorsqu'on fait bien la volonté de Dieu, le cœur est toujours joyeux, même au milieu des petites contrariétés de la vie. Cette joie spirituelle est une science dont tout le monde a besoin, et c'est celle que Mademoiselle Ludovie vous prie de demander pour elle.

« Vous allez peut-être dire que je suis bien curieuse? Mais je voudrais bien savoir quels sont les vœux que vous avez formés pour moi? La grâce de la vocation, je suis sûre?... Avant celle-là cependant j'ai besoin de beaucoup d'autres. *D'ailleurs, notre vie de famille n'est-elle pas une petite vie de communauté?* Elle renferme, comme partout, des peines et des joies; et dans ce moment, je crois que la volonté de Dieu sur moi est que je sache toujours accepter avec amour les unes et les autres.

« C'est la seule science que je désire, et afin que je l'obtienne, je vous demande, de temps en temps, une petite prière au pied de la Crèche.

« LUDOVIE. »

Ludovie commençait donc à se sentir travaillée par la pensée de la vie religieuse, et son cœur en frémissait quelque peu. Pourtant quelle droiture d'intention! Bien loin de résister à l'appel de Dieu, elle l'attend avec calme, prête à le suivre dès qu'il se fera entendre. Jusque-là, elle veut, par amour pour lui, accepter avec une égalité parfaite *toutes les joies et toutes les peines de chaque jour.*

Que d'ennuis s'épargneraient ceux que la pensée de la vie religieuse effraie, s'ils agissaient ainsi!...

III

LES VACANCES

Prévenances de Ludovie pour les siens. — Sa piété. — Une fête de Notre-Dame de la Salette.

Dans quelle famille le temps des vacances n'est-il pas le temps des meilleures joies ?

A Mont-Ravel, ces joies étaient profondément senties, et peut-être plus encore par Ludovie, qui n'avait jamais quitté la famille, que par aucun d'entre nous.

Quand elle nous voyait ainsi tous réunis à Mont-Ravel et qu'elle pouvait passer en liberté de nos conversations aux entretiens qu'elle avait avec Notre-Seigneur dans le Saint-Sacrement, difficilement on eût pu lui faire croire qu'il y eût pour elle, ailleurs qu'à Mont-Ravel, un bonheur possible en ce monde; et je ne m'étonne pas qu'à la première pensée de la vie religieuse, elle ait fait cette réponse à la voix intérieure qui lui parlait: « *Mais notre vie de famille n'est-elle pas une petite vie de communauté?* »

Aussi, je voudrais pouvoir pénétrer dans son âme, et y dévoiler tout ce qu'il y avait d'amour tendre et chrétien pour nous. On comprendrait peut-être alors quelle générosité et quel héroïsme il y eut dans son sacrifice, et combien dut être puissante la grâce qui le lui fit accomplir.

Mais ce que je ne saurai faire moi-même, Ludovie le fera. En racontant simplement les faits, en citant les nombreux témoignages écrits qu'elle nous a laissés, nous verrons que cet amour de la famille alla toujours croissant dans son cœur, qu'il se développa même à mesure que l'heure du sacrifice approchait, et que, s'il n'opposa pas une barrière infranchissable à sa vocation, c'est que déjà il avait pour base Dieu seul et sa divine volonté.

Le temps des vacances était donc le temps des grandes joies pour Ludovie. C'était vraiment alors que, selon son expression, son cœur *nageait dans le bonheur*. En ce temps, plus qu'en tout autre, sa physionomie révélait les doux sentiments de son âme.

Nous le remarquions tous, et nous disions entre nous, de notre sœur, ce qu'on dit des enfants au berceau, *qu'ils sourient à leurs bons anges*. Si nous lui demandions : « Ludovie, à qui souris-tu ? » elle ne répondait pas, mais son silence semblait dire : « *Je souris à la joie de mon âme et à mes pensées intimes.* » En effet, elle paraissait toujours tenir conversation avec quelque absent, dont elle aurait senti la présence.

Ce sourire ne la quittait même pas durant son sommeil. « Un soir, dit Amélie, je m'arrêtai près de son lit pour la contempler dormir, tant sa figure douce et souriante faisait impression sur moi. Je croyais la voir reposer parmi les anges. »

Les personnes étrangères à la famille, qui venaient à Mont-Ravel, avaient remarqué ce sourire ; et l'une d'elles, ne se souvenant plus du nom de Ludovie, me la désignait ainsi : « Celle de vos sœurs qui est si gaie, qui rit toujours. »

Nous ne pouvions nous passer d'elle. Elle était à tous par sa bonté. Disparaissait-elle un moment d'au milieu de nous, bien vite on se disait : « Mais Ludovie, mais la Biche, où est-elle donc ? »

Sa joie et sa bonne humeur animaient nos conversations et nos jeux. Elle avait la mémoire heureuse pour retenir les petits faits, les anecdotes, qu'elle avait entendu une fois raconter, et elle nous les répétait ensuite avec une gaîté et un à-propos qui y ajoutaient un nouvel intérêt. Elle était l'âme de nos soirées de famille, et apportait à nos divertissements un entrain et une habileté qui lui donnaient bientôt la souveraine intendance de nos jeux. S'élevait-il au milieu de la partie un doute ou quelque embarras? Ludovie, toujours la première consultée, levait la difficulté avec une adresse et une clarté merveilleuses.

Les personnes même les plus respectables ne savaient parfois que répondre à ses reparties.

Ma mère apercevant un jour quelques photographies entre les mains du vénérable Curé de Sainte-Marie, se hasarda à lui demander la sienne. M. Condamin répondit qu'on ne l'aurait ainsi qu'après sa mort. « *Mais, Monsieur le curé*, dit Ludovie qui se trouvait là, *saint François de Sales s'était bien laissé faire son portrait.* »

En route pour un voyage, ou dans nos excursions de vacances, elle portait toujours avec elle l'*Imitation de Jésus-Christ;* et pendant le trajet elle tirait au hasard quelques versets à l'adresse des uns et des autres, puis, les lisait et développait avec une vivacité d'esprit et une justesse d'application telles, que, n'eût été sa douce et aimable charité, nous eussions craint ce fraternel commentaire.

Elle n'aimait pas voir se disperser les membres de la famille pendant les vacances. Lorsque quelqu'un de nous quittait Mont-Ravel, ne fût-ce même qu'une demi-journée, elle en était peinée. On la voyait aller et venir, comme quelqu'un qui cherche à se distraire de sa solitude. Elle attendait le soir avec impatience, et elle était la première à regarder au loin, pour découvrir la voiture qui devait ramener le voyageur. Dès qu'elle l'avait aperçue, c'était une joie et un empressement nouveaux. Elle allait au-devant du nouvel arrivé; l'aidait à descendre de voiture; l'embrassait avec transport comme s'il eût été de retour d'un long voyage.

N'ayant pu obtenir du ciel la guérison de ma mère, elle voulait du moins, autant que possible, soulager son infirmité. Sa place ordinaire était à côté d'elle. En quelque circonstance que ce fût, elle savait toujours s'y glisser adroitement; et là, inclinée à son oreille, elle lui répétait fidèlement le sujet de la conversation.

Quelle attention n'avait-elle pas aussi pour mon père, qui ne jouissait que le soir du bonheur des vacances ! Il me semble la voir encore dans ces belles soirées de septembre, lorsqu'assis sur la terrasse devant la maison, nous attendions tous l'arrivée de mon père, occupant le temps à de douces causeries. Au premier bruit de la voiture qui l'amenait, c'était un cri de bonheur. Puis, Ludovie, à notre tête, s'élançait joyeuse et souriante; et, suspendue au cou de mon père dont elle nous dérobait les baisers, elle lui répétait sans cesse au milieu de ses embrassements cette parole, qu'elle savait lui plaire : « *Heureux père ! Heureux père !* » Cette naïve invitation à oublier tous ses soucis, pour ne songer qu'au bonheur d'être au milieu de ses enfants, faisait une telle impression sur le cœur de ce cher père, que parfois les larmes lui en venaient aux yeux. Et je ne sais vraiment quelle peine eût tenu devant la douce et profonde joie de Ludovie.

Un soir, feuilletant avec lui les *Entretiens* du P. de Ravignan, elle fut ravie de la découverte de cette pensée : « *Le bon Dieu a la bonté de mettre un peu de purgatoire dans toutes nos journées.* » Depuis, dans les occasions où il se présentait quelques contrariétés, elle savait la rappeler avec tant d'à-propos, que toujours le sourire finissait par triompher de la tristesse sur le visage de ceux qui l'écoutaient.

Quand elle croyait nous avoir causé quelque ennui, elle était dans une confusion que n'égalait que celle qui s'emparait d'elle lorsqu'elle était louée. Sa conscience était délicate sur ce point, et elle se serait crue grandement coupable si, même involontairement, elle nous eût fait de la peine. Au contraire, elle cherchait à nous aider et à nous soutenir en tout.

Un jour (j'étais bien jeune alors), après m'être attiré, par mon étourderie, de la part de ma sœur aînée, je ne sais quelle parole un peu vive, je boudais à l'écart, comme font les enfants en pareille circonstance. Ludovie s'aperçut de mes larmes; elle vint à moi et me dit de sa voix la plus fraternelle : « *Vois-tu, Antoinette est un peu vive ; elle n'a pas voulu te faire de la peine, il faut lui pardonner.* » Cette parole si douce et si charitable, qui ne faisait aucune allusion à mes torts, me consola pleinement et resta toujours gravée dans mon cœur.

Mais, c'était surtout dans les maladies, que Ludovie montrait toute sa charité pour nous. Si le mal était léger, elle aimait à plaisanter. « *Vrai-*

ment, je ne sais pas comment vous faites, disait-elle, *vous avez toujours quelque chose, moi je n'ai jamais rien.* » Au fait, quoique d'une santé délicate, Ludovie ne fit jamais de maladie. Mais si le mal était plus grave, sa compassion et sa bonté se manifestaient par des attentions pleines de cœur. On aurait dit, à la voir, une véritable *Sœur de charité.*

Ce qui rendait aussi à notre bien-aimée sœur le temps des vacances cher par-dessus tout autre temps, c'est qu'à cette époque de l'année, Notre-Seigneur avait un plus grand nombre d'adorateurs dans son petit sanctuaire de Mont-Ravel.

« Ce moment des vacances, dit-elle, était toujours un temps de ferveur pour le divin Maître. Chacun donnait du sien, et s'ingéniait pour le rendre doux et agréable. Quand nous devions avoir quelques fêtes, nous avions recours à Adrien pour tout ce qui réclamait l'adresse des mains. Il était notre architecte habituel et confectionnait nos belles corbeilles rustiques, parure ordinaire de notre petit oratoire. Ma mère avait sur tout la haute direction. Quelquefois nous aimions à lui faire la surprise de nos arrangements ; mais elle se réservait toujours le soin des fleurs.

« Il y avait constamment de chaque côté de l'autel deux grandes corbeilles à pieds; et au milieu une troisième beaucoup plus basse, où nous tracions avec des fleurs de différentes couleurs tantôt le nom de la sainte Vierge, tantôt une croix ou quelque autre dessin. Je partageais ce soin avec ma mère ; et nous y donnions souvent un temps considérable. Puis, notre travail terminé passait à une critique paternelle ou fraternelle, toujours très-amicale, et dont l'unique résultat était d'encourager nos pieuses inventions.

« Jamais cathédrale ni métropole ne fut aimée, comme la nôtre, de tous ses paroissiens. Les offices y étaient suivis avec la plus parfaite régularité.

« C'était, le dimanche, le saint sacrifice de la Messe, ordinairement accompagné du chant d'un cantique à la sainte Vierge, ou bien encore des litanies de Notre-Dame de la Salette. Après le dîner, si nous n'avions pu aller à la paroisse, nous récitions ensemble les Vêpres. Mon père les commençait; c'est lui qui entonnait le *Magnificat*. Quelquefois, nous terminions par une ou deux dizaines de chapelet. Le soir, nous revenions pour faire la prière en commun, avec les domestiques.

« Notre affection pour ce cher sanctuaire avait

grandi avec nous. Et depuis que le divin Maître y avait fixé sa demeure, il était devenu le centre de bien des joies. Quand on possède un Hôte aussi aimable, on doit lui faire une cour assidue. Nous avions pris l'habitude de ne rien faire sans Lui. Nous ne partions pas pour un voyage sans venir l'adorer et demander la protection de sa sainte Mère. Avant nos promenades et nos excursions de vacances, comme nous passions presque toujours devant la chapelle pour sortir de la clôture, nous y entrions un instant; et c'était aussi là, qu'au retour, nous faisions notre première visite. »

Ce que Ludovie dit ici de nous tous, était particulièrement vrai d'elle-même. Elle surtout faisait au divin Maître une *cour assidue;* et elle avait l'âme à la fois trop simple et trop droite, pour concevoir même la pensée de dissimuler à nos yeux ses longues et ferventes oraisons.

Son zèle pour entretenir et orner la chapelle nous touchait particulièrement. Dire le soin qu'elle y apportait, l'air angélique avec lequel elle s'acquittait de cette tâche, serait chose impossible. Dès qu'elle quittait ses occupations, pour aller à la chapelle ranger la lampe ou autre chose, sa figure prenait une expression céleste.

Il me semble encore la voir traversant la cour et ne regardant plus rien autour d'elle. Son extérieur disait : « *Je vais à Dieu, ne me parlez plus.* » Il n'y a que Notre-Seigneur qui sache le nombre de fois qu'elle allait le visiter pendant la journée. Le soir, à la tombée de la nuit, c'était l'heure de sa plus longue adoration ; et lorsque l'arrivée de mon père sollicitait d'elle à ce moment différents arrangements dans la maison, il arrivait quelquefois à Antoinette de l'interrompre au milieu de sa prière et de dire en passant dans la cour, de manière à être entendue d'elle : « Ludovie, assez d'oraisons; viens un peu nous aider. » Elle sortait alors de la chapelle avec son air radieux, et se donnait à nous avec autant de cœur qu'elle en avait mis à faire sa prière.

C'était elle qui récitait habituellement les prières que nous faisions en commun à la chapelle, soit les litanies de Notre-Dame de la Salette après la Messe, soit la prière du soir. Sa voix était si expressive, elle avait un tel accent de foi, qu'il était impossible de ne pas se sentir pénétré et attiré par elle à Dieu. Tous ceux qui l'entendaient en étaient frappés.

« Une âme qui sait si bien prier, se disait un Père jésuite la première fois qu'il l'entendit, n'est point faite pour le monde, elle est appelée à consoler le cœur du divin Maître à l'ombre d'un monastère. »

« *Oh! comme elle fait bien la prière!* » disait un soir à mon père, en sortant de la chapelle, une de nos tantes.

Ludovie avait pour satisfaire sa piété certaines prières, qu'elle appelait ses prières de *prédilection;* elles étaient soigneusement marquées dans son *Manuel;* et lorsqu'elle le prêtait à quelqu'un, elle avait coutume d'ajouter cette recommandation : « *Faites attention, ne me démarquez pas mes prières.* »

Comme si elle avait prévu qu'elle n'habiterait pas longtemps la terre et qu'elle devait se préparer au prochain départ, elle avait mis les *Litanies de la bonne mort* au nombre de ses prières de prédilection. Plusieurs fois Amélie les lui entendit réciter avec attrait. Et après sa mort on trouva encore ces litanies parmi les objets à son usage; le papier en était usé, tant elle s'en était souvent servie.

La plus douce fête religieuse de nos vacances était sans contredit la fête de Notre-Dame de la Salette. Celle de 1863 fit époque dans la vie de ma sœur.

« Cette année, dit-elle, nous avions célébré comme à l'ordinaire la fête de Notre-Dame de la Salette dans la seule intimité de la famille. Nous nous étions tous, même les domestiques, approchés des Sacrements et nous avions chanté, comme de coutume à la fin de la Messe, les louanges de la sainte Vierge. Rien ne marqua donc d'une manière plus frappante cet anniversaire, et cependant l'impression m'en est toujours restée, je puis le dire, tout particulièrement gravée au cœur. Je sentais que Dieu m'appelait à Lui. Mais toute cette affection de famille, que j'avais si fortement imprimée dans mon cœur, je ne croyais pas pouvoir m'en séparer jamais !... *Je ne savais pas encore que l'affection que Notre-Seigneur réclame de ses Epouses, n'enlève rien à celle que l'on donne aux siens...* »

Cette parole est une révélation. Ce n'est plus simplement la pensée de la vie religieuse qui traverse l'esprit de Ludovie ; c'est l'appel formel de Dieu qui se fait entendre; et c'est avec lui le commencement de ces combats, que ne comprennent bien que ceux qui les ont éprouvés. Combats secrets et douloureux, mais qui finissent toujours par apporter la paix à l'âme généreuse et fidèle. Malheur au contraire au cœur qui dédaigne les invitations et rejette les offres de son Dieu ! Pour lui il n'y a plus de joie sur la terre ; c'est partout le vide de la mort ; c'est, selon l'expression de Ludovie, *une longue agonie, un véritable martyre !...*

Notre-Seigneur donna donc à ma sœur une grande leçon ce jour-là. Son cœur en avait besoin ; et je ne crois pas qu'elle se fût jamais faite religieuse, s'il était vrai que la religion, comme le monde l'en accuse à tort, arrache du cœur de ses enfants l'amour de la famille.

Ludovie avait alors dix-sept ans. A partir de cette époque, plusieurs fois, des mots échappés comme par hasard de sa bouche ou de sa plume nous révèlent ses secrètes aspirations. Et bien qu'elle eût sur ce point une réserve inaccoutumée, il lui arrivait quelquefois de penser tout haut et de trahir ses sentiments intimes. La plus petite circonstance, le moindre souffle de piété les ravivaient dans son cœur : « *Oh ! toutes les fois que nous passons la nuit dans quelque communauté,* disait-elle un jour à Amélie, *je ne puis dire ce que j'éprouve ; et le soir avant de m'endormir, je ne puis pas m'empêcher de pleurer.* »

IV

PREMIÈRES SÉPARATIONS

Départ d'Adrien et de Georges. — Ludovic parle de sa vocation. — Premier journal. — Mariage d'Antoinette. — Voyage de Rome.

Les derniers jours des vacances de 1865 furent plus tristes que de coutume. D'un même coup nous perdions Adrien et Georges. Le premier se rendait à Paris, pour y suivre les cours de l'Ecole Centrale, et le second partait pour l'Angleterre, où il devait passer un an au collége des Pères de la Compagnie de Jésus à Stonyhurst.

Inutile de dire que Ludovic sentit vivement ces

premières séparations. Le vide commençait à se faire autour d'elle. Ce fut le moyen dont la Providence toujours miséricordieuse devait se servir, pour détacher peu à peu son cœur et lui rendre la dernière séparation plus facile.

Toutefois elle vivait avec ses frères absents, comme s'ils eussent été auprès d'elle.

« Maintenant que te voilà seul dans la grande ville, écrit-elle à Adrien le 14 novembre, puisque papa t'a quitté hier soir, je viens te trouver par l'esprit et le cœur, pour te consoler un peu et te dire combien toutes nous pensons à toi...

« Je comprends, cher Adrien, combien ta solitude doit te paraître triste. Depuis que tu es parti, nous trouvons aussi la maison bien déserte; mais nous pouvons causer à l'aise de nos chers absents, tandis que toi tu n'as personne à qui parler de la famille. Courage, quand même!

« Nous t'écrirons bien exactement et surtout nous prierons beaucoup pour toi. Papa ne finit pas de répondre à toutes nos questions. Nous sommes venues ce matin dîner avec lui et nous retournerons demain à Mont-Ravel, où le beau temps nous fixera encore quelques jours. Cette semaine nous y étions devenues vraies femmes de ménage; le matin, mettant de l'ordre dans les appartements, et à midi autour du fourneau à faire cuire des côtelettes... Notre cuisine a été trouvée assez bonne, pour des commençantes. Quel dommage que nous ne puissions pas te l'envoyer jusqu'au guichet de l'Ecole centrale! D'après ce que papa nous a raconté, il me semble que ce ne serait pas de reste.

« 15, *Mercredi*. — Nous voilà de nouveau à Mont-Ravel, où nos grands vestibules nous paraissent un peu glacés. On y passe en courant et en se frottant les mains, malgré le beau soleil qui nous a fait revenir. Les soirées sont bien longues, et le coin du feu n'est pas à dédaigner. C'est là que tous ces jours-ci nous avons dit notre chapelet pour nos chers absents... »

Puis se font les commentaires: « Nous connaissons déjà ta chambre et tous ses meubles; depuis le lit jusqu'au porte-allumettes. Nous savons aussi que tu as une petite lampe, comme celle du Père A***. Que j'aimerais encore, cher Adrien, te la préparer tous les matins, comme l'hiver dernier!

« 16, *Jeudi*. — Que fais-tu chez toi, pendant que nous parlons ici de Centrale, de Paris, et de tout ce qui te concerne? Tu es peut-être enfoncé dans quelque problème scientifique, où ton esprit se perd, et tu travailles avec une activité sans pareille. Notre journée est bien différente de la tienne. Aujourd'hui elle s'est passée dans son calme habituel, avec une promenade à Villars, un peu de lecture et d'ouvrage manuel...

« 17, *Vendredi.* — Vois donc comme tes sœurs sont enfants ; elles ont joué à la cachette à elles quatre! Le cri du signal était une imitation de celui du geai... Que vas-tu penser d'elles? Je n'en sais vraiment rien ; mais je crois tout de même que, si tu avais été là, ton sérieux de mathématicien aurait disparu. Après cela, nous sommes allées nous promener sur la montagne, et en redescendant nous avons rencontré René et Paul nous apportant ta lettre.

« Merci pour toutes trois, cher Adrien, de ton épitre dédicatoire, de ton voyage autour de ta chambre, et même de la description de votre déjeuner à l'Ecole. J'aime à croire cependant que tu l'as un peu exagéré pour nous amuser ; sans cela il est impossible, il me semble, que café et chocolat arrivent jamais à destination. Ou bien il faut attendre patiemment que Mme Valette et Charles, son marmiton, aient servi les plus affamés ; on peut ensuite déjeuner en paix, et c'est probablement le parti que tu as pris. . . . . .

. . . . »

« 25 décembre, *Lundi.* — Tu n'as donc point reçu de lettre hier ? Aussi la journée t'a-t-elle paru triste. Maman a reçu la tienne ce matin, et nous partagions ta peine de n'avoir point de nouvelles, à ce moment surtout où l'on devrait toujours être gai. Nous ne pouvons cependant nous empêcher de regretter nos chers frères, qui pour la première fois ne seront pas auprès de nous, pour finir et recommencer l'année. Notre veillée de Noël a été bien silencieuse ; peut-être autant et plus que la tienne...

« Marie-Gaëtane est toute radieuse de la fête du petit Jésus. Amélie lui a rangé une petite crèche où elle va de temps en temps chanter un cantique avec elle ; et cette nuit elle a trouvé une orange dans son petit soulier...

« 30, *Samedi.* — Nous venons de recevoir la visite de M. le curé de Villars. Pour nos étrennes il nous a apporté à chacun une croix, en image, parce que nous n'en avons point en réalité.

« Et moi, cher Adrien, que faut-il que je te donne, pour tes étrennes ? Je te souhaite tout ce qu'un cœur de sœur dévouée peut désirer pour un bon frère... »

Au moment où elle entretenait cette joyeuse correspondance avec son frère, Ludovie commençait à être fort préoccupée de sa vocation. Depuis cinq mois déjà elle en avait parlé à son confesseur, qui lui avait répondu, à sa grande joie : « *Oh ! vous, Ludovie, vous êtes faite pour le Sacré-Cœur !* » Toutefois M. Condamin, en directeur prudent, avait exigé qu'elle remît l'exécution de son projet à une époque qu'il ne fixait pas encore.

En attendant, Ludovie se préparait et fortifiait son âme. « Nous assistons à la retraite que le Père P*** donne aux Enfants de Marie, écrit-elle un jour à Adrien. Ce Père ne parle que de sacrifice et de renoncement ; on sent qu'il fortifie l'âme. » Au sortir des instructions elle faisait à Antoinette les mêmes remarques qu'à Adrien ; elle avait même noté cette parole, tombée de la bouche du prédicateur : « *Au sacrifice ! au sacrifice toujours ; mais au sacrifice, appuyés sur le Cœur de Jésus !* »

De fait, la grâce avait agi sur son âme pendant cette retraite et avait augmenté son courage. Elle s'en crut assez pour s'ouvrir à ma mère sur ses projets arrêtés.

Ce fut un moment pénible peut-être, mais touchant, que celui de cette première confidence. Ludovie et ma mère étaient également émues ;

elles s'embrassèrent en pleurant. Mais la foi était vive de part et d'autre, et le sacrifice fut généreusement offert à Dieu.

Dès ce moment Ludovie n'eut plus rien de caché pour ma mère. Si parfois celle-ci lui posait quelque objection pour l'éprouver ; si elle lui rappelait sa douleur pour avoir passé deux nuits séparée d'elle au Sacré-Cœur d'Annonay, Ludovie, sans se laisser déconcerter, répondait que de tout temps elle avait songé à se faire religieuse du Sacré-Cœur et que sa vocation était innée. Et cela était vrai.

Je me rappelle que, bien jeunes encore, nous aimions à nous promener ensemble à Mont-Ravel dans l'allée *des abricotiers*, étroite et solitaire, tout à fait propre aux confidences. Là tous les deux, après quelques moments de silence et quelques paroles insignifiantes, nous nous posions l'un à l'autre cette vague question : « *Eh bien, où serons-nous dans dix ans, dans quinze ans ?* » En parlant ainsi, je pensais qu'à cette époque reculée, s'il plaisait à Dieu, je lui serais consacré, et je ne doute pas que Ludovie n'eût alors la même pensée que moi. Plusieurs fois en effet dans la suite, elle me rappela notre promenade solitaire dans l'allée *des abricotiers*.

Après avoir fait ses confidences à ma mère, Ludovie écrivit à Georges à Stonyhurst. Elle savait positivement qu'il pensait à la vocation ecclésiastique ; et elle crut en conséquence qu'il était préparé, plus que tout autre, à se faire à l'idée d'une sœur religieuse.

« Nous arrivons, cher Georges, lui dit-elle, à l'âge le plus important et peut-être aussi le plus périlleux de notre vie, puisque de là dépend notre avenir et notre bonheur. J'ai toujours prié Dieu, afin qu'à ce moment il daignât nous faire connaître à tous la voie où nous devons le servir ; et sa providence, qui veille toujours sur nous, m'exauce maintenant, je le sens.

« Le bon Dieu veut que je me donne à lui, et que je me consacre entièrement à son service parmi ses Epouses sacrées. Oui, je suis vouée à son service pour toujours. Mon cœur le répète bien souvent, depuis que j'ai la certitude que la volonté de Dieu est que je me fasse religieuse.

« Cher Georges, cette confidence va peut-être t'étonner beaucoup ; et je n'en suis point surprise : je suis bien indigne de la grâce que je reçois. Mais Dieu ne se sert-il pas quelquefois des plus pauvres serviteurs pour faire éclater sa gloire ? Il a daigné jeter les yeux sur moi ; je l'en bénis chaque jour davantage. Qu'ai-je fait pour m'attirer ce regard miséricordieux ? Plus je me le demande, plus je me trouve indigne de cette libéralité. Prie un peu pour moi, cher Georges, afin que beaucoup d'amour vienne, dans mon cœur, remplacer tout ce qui lui manque.

« Mais vais-je t'attrister par l'idée d'une séparation prochaine ? Oh ! je ne le voudrais pas. Et cependant je ne veux point te cacher que cette pensée m'a combattue longtemps.

« Dieu sait combien votre affection à tous me tient au cœur ! et combien j'ai besoin de vous aimer ! Mais puisqu'il nous demande ce sacrifice de la séparation, ne nous donnera-t-il pas aussi la force de l'accomplir ? La Religion ne nous défend point de nous aimer pour servir Dieu, puisque Jésus-Christ nous dit au contraire : *Aimez-vous les uns les autres.*

« Cet esprit de famille, qui a fait notre bonheur de chaque jour et qui le continuera, je l'emporterai dans le cloître. Je vous aimerai, je serai votre sœur dévouée, comme je le serais au milieu de vous. La Religion agrandit le cœur et ne le rend que plus compatissant. Quand on s'unit davantage à son Dieu, on apprend à aimer d'un amour plus fort et plus parfait.

« Je prie Dieu de tout mon cœur pour vous tous. Je m'offre à lui de toute l'ardeur de mon âme, pour le bonheur de ma famille. Il ne nous appelle pas à le servir de la même manière; mais il faut que nous remplissions chacun la mission à laquelle il nous destine sur la terre. Je lui demande, à chaque instant, de vous l'indiquer à tous ; et je le bénis des faveurs qu'il m'accorde.

« Cher Georges, c'est à toi seul que je confie ce secret. Aujourd'hui nos sœurs n'en savent rien encore. Je n'en ai parlé qu'à notre bonne mère.

« Tu me feras grand plaisir de me dire franchement ta pensée. Je suis bien sûre que tu ne me blâmeras pas ; et quelque chose me dit que j'ai bien fait de commencer par toi mes confidences.

« Ne m'oublie pas dans tes prières. Vois, j'en ai bien besoin. Prie aussi beaucoup pour notre mère, afin que Dieu lui-même la console.

« Je voudrais te dire bien des choses ; mon cœur ne s'épuiserait pas à te parler. Mais il est temps que je m'arrête. Adieu, plus que jamais, aux pieds de Notre-Seigneur. »

On devine aisément ce que fut la réponse à une si touchante lettre, et si Georges fut tenté de blâmer sa sœur.

Dieu offrit à Ludovie, à cette époque, une nouvelle occasion de former son cœur au détachement.

Au mois de février ma mère, qui n'était point non plus accoutumée à vivre si longtemps séparée de ses enfants, résolut d'aller voir Adrien à Paris. Elle prit avec elle Antoinette pour ce voyage. Ludovie eut donc la douleur de les voir partir et de ne pas les accompagner; les lettres fréquentes qu'elle leur adressait ne suffisaient pas pour la consoler de cette nouvelle séparation. Son cœur avait besoin surtout de causer davantage avec sa sœur bien-aimée. Elle prit le parti de lui faire son journal.

A MA SŒUR CHÉRIE

Mon journal pendant quinze jours d'absence, pour un voyage à Paris.

« *Jeudi, 8 février 1866.* — Mon Dieu, elles sont parties! bénissez-les, bénissez-nous tous! Protégez-les pendant ce petit voyage; écartez aussi de nous tout danger!

« Voici la première fois que je vois partir à la fois ma mère et ma sœur, et pour aussi longtemps... Cette absence me coûte plus que je ne pourrais le dire... Mais ne faut-il pas savoir se séparer dans la vie ?

« Mon Dieu, je vous offre la peine que me cause cette absence, et toutes celles qu'il vous plaira de m'envoyer plus tard. Faites que pendant ce temps je remplisse mes devoirs avec plus de ponctualité que d'habitude, plus d'attention et de fidélité. Veillez sur mon père, mes frères, mes sœurs : que je sois bonne pour tous... Je vous offre toutes mes actions, toutes les joies et les peines que vous m'enverrez pendant ces quelques jours. Qu'elles servent toutes à votre plus grande gloire !

« *Vendredi, 9 février.* — Voilà un jour que vous n'êtes plus là ; un jour qui m'a paru un siècle... Depuis hier soir, que nous sommes revenues de Mont-Ravel, il me semble que je suis orpheline.

« Lorsque nous sommes rentrées, la chambre de maman m'a produit un effet de tristesse que je ne puis te dire. René nous avait laissés pour travailler ; et Paul avait l'air si contrit, quand il nous a dit adieu, qu'après son départ les larmes m'en sont venues aux yeux. Je suis allée une minute dans ma chambre, pour demander à Dieu du courage; puis je suis revenue auprès de papa et d'Amélie et notre soirée s'est passée à causer de vous.

« Ce matin nous sommes allées toutes deux à la Messe de huit heures ; et Dieu sait combien je l'ai prié pour vous, pour toi en particulier, chère sœur ; tu m'occupes toujours beaucoup dans mes prières...

« *Samedi, 10.* — Oh ! merci, chère Antoinette, de ta bonne lettre ; je n'attendais vos nouvelles que pour demain. Vous ne vous croyez pas encore à Paris? Je ne puis penser aussi que vous soyez si loin de nous ; et d'un autre côté un cœur de fils et de frère attend l'heure où il poura vous embrasser. La joie de ce cher frère me donne du courage. Ne serait-ce pas égoïsme de ma part de ne pas supporter généreusement votre séparation, quand nos frères sont privés du bonheur de la famille depuis si longtemps?

« Oh ! je ne dirai pas que votre absence ne me coûte plus. Jamais, je crois, je n'ai senti et compris aussi fortement que depuis votre départ, tout ce que peut faire souffrir l'absence. Mais je l'ai acceptée devant Dieu ; et serait-elle plus pénible encore, je la lui offrirais. »

Mais la plus profonde impression qu'elle garda de son voyage de Rome, fut celle que lui laissèrent les deux audiences particulières que le Souverain Pontife daigna leur accorder.

« Hier soir, pendant notre absence, dit-elle, on est venu nous apporter une lettre de Mgr Pacca, nous annonçant une audience particulière du Saint Père pour aujourd'hui à six heures. Je pouvais à peine y croire, et je tremblais cependant un peu à la pensée de nous voir en présence du Souverain Pontife.

« Ce soir à six heures et demie, la voiture est venue nous prendre pour nous conduire à Saint-Pierre. Arrivés dans la cour intérieure de San-Damaso, un des gardes nous a reçus au bas du grand escalier, et nous a indiqué la porte d'entrée des appartements particuliers du Saint Père. Après lui, un des camériers, en tenue, vêtu de soie violette, nous conduisit dans le salon d'attente.

« Un cardinal, tenant la liste des noms, appelait chaque personne à son tour. Le nôtre fut le dernier; aussi mon cœur jusqu'à ce moment eut le temps de battre bien des fois. On nous fit alors passer dans le deuxième vestibule d'attente, devant la salle d'audience, d'où nous entendîmes au bout de quelques minutes la clochette du Saint Père, signal de notre réception. En effet, deux dames, qui avaient été admises avant nous, sortirent ; et nous entrâmes précédés de Mgr Pacca, qui nous introduisit et referma la porte sur nous. Jamais je n'oublierai ce moment-là. »

Ludovie ne dit pas qu'elle pleura, lorsqu'elle se vit en face de Pie IX.

« Le Saint Père était assis devant une petite table, ornée d'un crucifix et d'une statue de la sainte Vierge. Il se leva quand nous fûmes plus près de lui, et nous dit avec une touchante bonté : « *Approchez , mes enfants.* » Nous nous mîmes à genoux pour baiser sa mule. Le Saint Père prenant la parole, s'adressa à ma mère et lui dit : « *Pauvre mère, elle a bien besoin de consolation !* » Je dis alors timidement : « *Ma mère n'entend pas* « *Sa Sainteté.* — *Oh ! je le sais*, reprit le Saint Père, avec cette inaltérable sérénité peinte sur toute sa personne, *mais elle est bien heureuse d'être sourde :* « *elle n'entendra jamais le bruit des méchants ; ils* « *font un vilain bruit.* »

« Nous lui dîmes que nous avions une sœur malade , et qui désirait bien recevoir sa bénédiction. Il nous dit de bien prier pour elle ; nous demanda d'où nous venions ; depuis combien de temps nous étions à Rome; et il bénit les médailles et les chapelets que nous avions apportés. Après cela, nous nous mîmes à genoux pour recevoir sa dernière bénédiction, puis il agita sa petite sonnette en nous disant en italien : « *Addio, Figlie*, » et nous nous retirâmes, le cœur rempli de vénération pour l'auguste Pontife qui venait de nous bénir. »

Cependant ni Ludovie ni ma mère n'étaient satisfaites : Amélie n'avait point assisté à cette audience, et on n'y avait pas parlé de Notre-Dame de la Salette.

Ce dernier point intéressait Ludovie, non moins que le premier. Elle savait tout ce que ma mère avait tenté à l'Archevêché de Lyon, en faveur du culte de Notre-Dame de la Salette dans la chapelle de Mont-Ravel, et elle espérait qu'à Rome sa requête ne serait pas rejetée par le Pontife de l'Immaculée Conception.

Sur le conseil du R. P. de Villefort, qui avait soutenu par de fréquentes visites le courage de la malade, elles demandèrent et obtinrent avant leur départ une seconde audience. Amélie y fut bénie par Pie IX, et Ludovie y eut la joie d'entendre le Souverain Pontife encourager la représentation de l'apparition de la Salette dans le petit sanctuaire de Mont Ravel.

De retour à Saint-Etienne, Ludovie ne se lassait pas de raconter ses impressions. C'était dans ses récits une animation que nous ne lui connaissions pas; elle éclatait sur son visage qui s'illuminait de joie et de piété au seul souvenir de Rome. La fête de Saint-Pierre avait été si belle! Le vingtième anniversaire de l'élection et du sacre de Pie IX avait été si magnifiquement célébré! Ludovie en parlait à tous; elle voulait que tous participassent à sa joie; les domestiques comme ses frères et ses sœurs. Et puis, elle n'avait oublié personne à Rome; pour chacun elle avait eu une prière.

« Que de fois, pendant ce voyage, je vous ai regrettés, Georges et toi, écrit-elle à Adrien! Mais patience, ne le ferez-vous pas un jour? Peut-être bientôt. Le bonheur que j'ai eu me fait encore plus désirer pour vous ce moment. J'espère beaucoup que mes vœux ne seront pas inutiles. Quelque chose me dit que vous jouirez de tout cela... Maintenant le nom de Rome nous fait tressaillir; nous relisons tous les livres que nous trouvons sur ses monuments, ses fêtes, ses souvenirs. »

Ludovie cette fois encore avait bien prévu: Georges et Adrien devaient aussi voir Rome à leur tour.

V

VOCATION

Vacances de 1866. — Seconde bénédiction de la chapelle. — Second journal. — Pèlerinage à la Salette. — Derniers jours. — Départ.

Les vacances de 1866 s'annonçaient pleines de joie. Peu après les pèlerins de Rome, arrivaient à Mont-Ravel, riches eux aussi d'anecdotes et d'aventures, Adrien et Georges, que mon père avait conduits en Ecosse à la fin de leur année scolaire. Comme on allait causer ! quelles belles soirées de vacances on se promettait !

Pour compléter le récit des voyageurs, on avait sous les yeux les photographies des lieux qu'on avait visités. Tous voulaient les expliquer et les commenter. Ce que l'un oubliait, l'autre le disait; et quand on avait tout dit, on trouvait à dire encore. On se rappelait, au milieu de la joie et des rires les plus francs, ses maladresses ou ses exploits réciproques. Tous les cœurs battaient à l'unisson. Et puis ce n'était plus huit, mais bien neuf enfants, que nous étions, rangés en couronne autour de mon père et de ma mère.

Pour Ludovie, qui partageait si vivement les joies de tous, quel plaisir ce devait être !

Et pourtant elle se préparait à tout quitter.

Au milieu de toutes ces voix de fête, la voix du divin Maître, qui l'appelait, venait aussi frapper son oreille. Elle les entendait monter tour à tour jusqu'à son cœur, ces voix amies, qui la sollicitaient en sens divers, et ce tendre cœur en était parfois déchiré.

- C'était l'heure des derniers combats. Ludovie, nous avons pu le remarquer, n'eut jamais en vue que la perfection. Elle fut heureuse et sans nul désir à Mont-Ravel, tant qu'elle crût qu'elle y pouvait parfaitement aimer et servir Dieu. Mais dès que, par la lumière de la grâce, elle eut connu que l'amour a des degrés, et que le plus élevé est le don complet de soi-même et le renoncement absolu à tout ce qui n'est pas Dieu, elle résolut de s'élever jusque-là, et dès ce jour elle fut vraiment religieuse dans le cœur.

Aussi avait-elle bien raison quand elle nous disait que sa vocation était innée.

Toutefois une objection s'était longtemps élevée dans son esprit comme un obstacle infranchissable à sa vocation. «Me sera-t-il possible, se disait-elle, de quitter mon père et ma mère, mes frères et mes sœurs ? me séparer d'eux n'est-ce pas cesser de les aimer ? » Il fallut pour la consoler que Notre Seigneur lui-même lui enseignât, dans cette belle fête de Notre-Dame de la Salette dont nous avons parlé, *que l'affection qu'il réclame de ses Epouses n'enlève rien à celle qu'on donne aux siens.*

Ludovie fut alors plus calme et plus tranquille.

La séparation ne lui apparut plus comme une sorte d'ingratitude envers les siens, mais simplement comme l'heure d'un sacrifice immense, il est vrai, mais dont le mérite retomberait sur elle et sur nous tous.

Or elle sentait que cette heure avait sonné. Le mariage d'Antoinette mettait nécessairement un terme à leur vie d'intime union ; elle-même était dans sa vingt et unième année ; et, quelque séduisantes que fussent pour son cœur les joies et les douceurs que lui offrait Mont-Ravel, elle comprenait qu'elle ne devait pas tarder davantage à suivre l'appel de Dieu.

Avant son départ, néanmoins, elle voulut se procurer une dernière consolation. Elle demanda à mon père qu'on s'occupât immédiatement d'agrandir la chapelle et d'y placer le groupe de Notre-Dame de la Salette, qu'elle était si désireuse d'y voir honorer.

Ce ne fut pas cependant une médiocre privation pour elle que celle de la présence de Notre-Seigneur à Mont-Ravel, pendant tout le temps que durèrent les travaux.

« Le 6 août 1866, le divin Maître nous fut enlevé, dit-elle, et les ouvriers commencèrent à démolir. Il y avait jour pour jour neuf ans que la chapelle avait été bénite.

« Que de souvenirs! que de grâces reçues pendant ce peu d'années! Que de choses s'étaient passées aussi! Plusieurs personnes bien chères avaient prié là, et puis nous y avaient fait prier pour elles, après nous avoir fait pleurer leur perte... Mais je dois le dire cependant (et en cela je crois être l'écho sincère de toute la famille), le sentiment de la reconnaissance dominait tous les autres.

« Pendant quatre mois nous fûmes privés de la jouissance de la chapelle, qui en revanche allait nous être rendue, telle que nous l'avions souhaitée. Deux fenêtres percées sur la serre attenante à la chapelle ; au-dessus de l'autel, la niche qui devait recevoir le groupe de Notre-Dame de la Salette, entourée de montagnes simulées et éclairée par un jour venant d'en haut ; un autel de pierre en rapport avec le style de la chapelle ; enfin une petite sacristie ouvrant dans le sanctuaire : tels étaient les heureux changements.

« Le 13 décembre eut lieu la seconde bénédiction. Nous avions tapissé les murs d'arbres verts, la saison ne permettant pas de replacer immédiatement la boiserie, qui décorait déjà l'ancienne chapelle.

« Des parents et des amis assistèrent à la bénédiction. Notre nouveau frère Maurice accompagnait nos chants sur l'harmonium ; tout était donc complet. La présence du divin Maître nous fut rendue depuis ce jour. »

Ludovie était satisfaite ; elle pouvait maintenant entonner sans regret son *Nunc dimittis.* Dieu permit pourtant que ce qui faisait sa joie fût pour elle l'occasion d'une épreuve.

Après la cérémonie, tandis que chacun adressait ses félicitations à mon père et à ma mère sur l'embellissement de la chapelle, M. Condamin, qui avait assisté à cette seconde bénédiction, se tournant vers Ludovie, lui dit sur un ton assez élevé pour être entendu de tous : « Mais, Ludovie, quand on a une si jolie chapelle, il n'y a plus besoin d'aller au couvent. » Ludovie, qui à ce moment encore occupait sa place chérie près de ma mère et n'avait point rendu publique sa résolution, sentit vivement ce mot auquel elle était loin de s'attendre ; toutefois, elle connaissait trop le cœur et les intentions de celui qui l'avait dit, pour ne point l'accueillir avec son sourire habituel.

Du reste, M. Condamin, que Ludovie dans sa ferveur eût volontiers accusé d'excès de prudence, comprit bientôt lui-même qu'il fallait abréger le temps de l'épreuve. Les désirs de ma sœur étaient trop ardents et sa santé trop faible, pour qu'elle pût longtemps en supporter la violence. On décida donc qu'elle entrerait au Sacré-Cœur à la fin de juin.

Au mois de mars elle fit part à Adrien de cette grave décision.

« Je voulais t'écrire aujourd'hui une longue et franche lettre, lui dit-elle, et voilà qu'une course à Villars m'a pris presque toute l'après-midi. Du moins je ne veux pas perdre de temps. Me voilà installée, toute seule dans ma chambre, ma fenêtre ouverte, respirant l'air d'une magnifique journée, et le cœur rempli pour toi d'affection et de confidences ; de confidences, non ; car tu sais tout ce que je veux te dire, mais ce n'est pas moi-même qui t'en ai parlé, et je tiens à ce que tu saches de moi, mon cher Adrien, combien mon cœur est serré et uni à tous les vôtres ; combien je vous aimerai toujours. Rien ne change en moi, sois-en bien sûr, cher frère; mon départ n'ôtera rien à notre affection fraternelle.

« Dieu me choisit pour son Epouse. Il me demande un amour plus grand pour lui et plus fort pour les miens, que j'aimerai plus parfaitement en lui, voilà tout. Pourquoi tant nous effrayer ? Dieu n'est-il pas notre père ? Et vois comme il sait bien mêler la consolation au sacrifice : pour occuper la place que je vais quitter dans la maison, il envoie à notre chère Antoinette un petit ange, qui sera la joie de la famille. Je le connaîtrai peu, puisqu'il est bien décidé que je pars au mois de juin ; mais je saurai qu'il sera là, vous égayant ; et cette pensée me donnera du courage.

« Il y a un an à pareille époque, nous priions

beaucoup pour le mariage d'Antoinette ; cette année, c'est moi qui vais partir, et c'est Dieu lui-même qui se donne pour être mon Epoux.

« Ainsi le bon Dieu nous montrera à chacun notre mission, à l'heure marquée par sa providence. La tienne viendra bientôt, cher Adrien... Combien je prie Dieu de nous faire connaître à tous sa volonté ! Je lui offre souvent pour cette intention le sacrifice que je vais faire.....

« Combien de fois j'ai été touchée de l'affection que vous avez tous pour moi ! Oh ! je sais et j'ai senti souvent bien profondément que vous m'aimez beaucoup, quelquefois jusqu'à me dire : je ne pourrai jamais me décider à me faire religieuse, je suis si aimée et si heureuse !.. Et maintenant que me voici au départ, après avoir bien tremblé, je suis cependant calme ; car Dieu m'a fait comprendre le secret de cette affection, que rien ne diminue, que rien ne peut altérer, pas même le cloître le plus austère, quand le cœur qui la contient se donne à lui sans réserve.

« Nous nous aimerons toujours de même, n'est-ce pas, cher Adrien ? Ne réfléchissons pas tant, mais prions beaucoup ; le bon Dieu nous donnera à chacun la force pour faire le sacrifice.

« Je te reverrai à Pâques, c'est bien entendu.

Et puis, quand je n'y serai plus, en revenant de Paris, tu feras une petite halte à Lyon. Dieu est bien bon de ne nous mettre qu'à petite distance les uns des autres..... »

Comme l'indique cette touchante lettre, le bon Dieu allait donner à Antoinette, pour la première fois, la joie de la maternité. Ludovie s'en réjouissait du fond de son cœur. Et cependant, tout heureux qu'il était, cet événement lui imposa encore un sacrifice. Ma mère pendant toute cette année eut à Mont-Ravel pour Paul un professeur prêtre. Sa présence obligeait mes sœurs à ne point déserter complètement la campagne ; elles y restaient ordinairement seules, tandis que ma mère allait passer la plupart de ses journées à Saint-Etienne, auprès d'Antoinette et de son enfant.

Cette solitude de Mont-Ravel, Ludovie certes ne la craignait pas ; mais elle aurait voulu, comme autrefois, pouvoir la partager avec sa sœur bien-aimée.

Pour alléger le poids de cette séparation, elle avait recours à ses moyens ordinaires : c'était la prière, l'assistance quotidienne au saint sacrifice de la Messe, la sainte communion souvent, sans compter les innombrables visites qu'elle faisait chaque jour à Notre-Seigneur dans le Saint-Sacrement.

Quand elle avait assez prié, quand elle avait rempli tous ses devoirs auprès de ma mère et de mes sœurs, elle se retirait dans sa chambre et prenait la plume. On devine que c'était surtout pour écrire à Antoinette.

Dans ce dernier journal, que je transcris presque en entier, éclate la tendre sollicitude de ma sœur bien-aimée pour chacun de nous.

Parfois, comme écrasée sous le poids de la douleur que lui cause la séparation, nous la verrons tentée de s'en plaindre à Dieu ; mais toujours sa foi prend le dessus sur ses affections, et toutes ses plaintes finissent par un acte d'abandon.

30 avril 1867.

MA BIEN CHÈRE ANTOINETTE,

« Puisque nous ne pouvons causer ensemble, veux-tu que je t'écrive ? J'ai tant de choses à te dire maintenant que je vais te quitter, toi, chère sœur, et toute la famille ! Je voudrais ne plus me séparer de vous une minute, pendant ces derniers mois que je passerai ici...

« Que je souffre de ne pas être autour de toi et de ton ange ! Le bon Dieu a voulu nous préparer toutes deux au sacrifice par cette séparation momentanée. Laissons-le bien accomplir sur nous sa volonté ; il sait, mieux que nous, ce qu'il nous faut. Il nous aime tant, et je désire tant l'aimer, que je ne voudrais rien faire ou demander, qui ne fût selon son bon plaisir Mais je ne puis pas m'empêcher de lui dire par moment : « Pourquoi, « mon Dieu, nous séparer maintenant, quand « nous nous aimons tant et quand nous sommes « si près de nous séparer pour toujours ?... »

« C'est que je sens que je t'aime, chère Antoinette, comme je n'ai jamais aimé personne ; et que je t'aimerai toujours de même, puisque c'est le bon Dieu qui m'a mis au cœur cette affection pour toi.

« Quand je pense à ces cinq années, pendant lesquelles j'ai été si unie, si serrée à toi, je me dis que le bon Dieu ne nous aurait pas donné tant de joies dans notre intimité, s'il n'avait pas vu là un avantage pour toutes deux, et s'il ne voulait pas nous réunir au ciel avec tous les nôtres.

« Comme nous nous aimerons là-haut, Antoinette, quand nous ne craindrons plus la séparation !... Vois-tu, c'est là ma prière de tous les jours : « Mon Dieu, je quitte sur la terre tout ce bonheur, « que je goûtais dans la famille auprès de mon « père, de ma mère, de mes frères et de mes

« sœurs ; mais c'est pour que vous me rendiez « toutes ces affections au ciel, pour que j'y re- « trouve tous ceux que je laisse maintenant pour « vous. »

« Et puis pour toi en particulier, chère sœur, pour ton enfant, pour Maurice, j'offre tant de choses !.. Ton bonheur est nécessaire au mien : je jouis de toutes tes joies d'épouse et de mère. Que le bon Dieu te les conserve toujours !.. Je le lui demanderai tous les jours de ma vie. Tu le prieras aussi quelquefois pour moi. Je lui dois tant d'amour et de reconnaissance, pour toutes les grâces qu'il m'a faites, et surtout pour m'avoir donné une si bonne sœur en toi !

« Sois-en bien sûre, je te reste tout entière de cœur et d'affection. Le bon Dieu nous a trop unies de tout temps pour que tout finisse avec la séparation ; pour moi j'ai toujours la même confiance en ma sœur aînée, j'ai besoin d'elle toujours...

« Si tu savais, Antoinette, ce qui me prend par moment quand je m'approche de ton lit ; comme j'ai envie de te parler, comme mon cœur est plein de choses pour toi !. Mais ma conscience me défend de te donner maintenant tant d'émotions et d'inquiétudes. Je me contente de t'embrasser bien vite, pour ne pas te faire voir que je pleure. »

On conçoit tout ce qu'un pareil esprit de sacrifice valut de mérite à Ludovie, à mesure qu'elle avança dans la vie, et qu'elle eut à immoler à Dieu des affections encore plus profondément enracinées. Mais à l'extérieur elle savait, au mileu de ses privations, conserver sa charmante gaîté. Elle avait déjà pris l'habitude de s'occuper beaucoup plus des autres que d'elle-même.

« Me voilà donc pour la première fois loin de vous et de ma chère Antoinette, écrivait-elle un jour à sa mère. Faut-il vous dire la peine que cela me cause ? Oh ! non ; car je suis bien sûre que vous l'avez déjà partagée et que vous souffrez aussi un peu en pensant au petit troupeau que vous avez laissé derrière vous. N'en soyez pas inquiète cependant, chère et bonne maman ; quoique votre absence s'y fasse grandement sentir, tout va bien, et j'espère que rien ne viendra troubler notre solitude.

« Je pense que votre voyage s'est heureusement passé. Nous vous avons suivies jusqu'au moment où nous avons supposé votre première entrevue avec Adrien. Comme il a dû être heureux ! Donnez-lui double baiser pour nous tous. Dites-lui de bien faire visiter Paris à *sa Grande*. Que je serais curieuse de les voir, ou plutôt de les entendre s'exciter mutuellement !

« Pour vous, bonne maman, ne vous fatiguez pas trop. Et si, comme vous nous l'avez dit, pendant les courses d'Antoinette et d'Adrien, vous tenez le plus souvent compagnie au bon Dieu; soyez bien persuadée que vous n'y serez pas seule, car nous vous suivrons partout, et particulièrement là où il nous est plus facile de nous rapprocher de vous..............................

« Nous recevons à l'instant la lettre d'Antoinette ; et nous la remercions mille fois de sa bonne pensée d'avoir écrit, même en chemin de fer. Je ne suis pas étonnée que sa patience ait enduré une rude épreuve pendant cette longue journée...

« Marie-Gaëtane envoie à Antoinette tous ses *mamours* ; elle est bien sage, pour vous faire une surprise ; elle m'obéit comme un ange et fait toujours à son petit père ses plus tendres caresses.

« Ce cher père a essayé de faire le malade; sans doute pour se faire soigner par ses filles. Nous l'avons en effet un peu dorloté. Nos soins l'ont entièrement rétabli et ont réveillé sa gaîté. Ce qui nous rend toutes contentes de notre savoir-faire en fait de médecine................

« Hier, Mlle C. est venue nous voir. Elle nous a engagées à aller mardi passer l'après-midi avec elle ; sur ce nous consulterons notre cher père, en filles obéissantes et soumises..................

« Adieu, bien chère maman. *Vos colombes* n'ont pas peur d'être oubliées, quelque éblouissantes que puissent être les beautés de la grande ville. Elles embrassent de tout leur cœur leur sœur voyageuse. Pour ma part, je réclame une de vos lettres, dès que vous le pourrez; puis j'écrirai à notre *Grande*, lorsque nous aurons eu des détails sur la belle Messe des Tuileries.

« Adieu encore, bonne mère, ne soyez pas inquiète à notre sujet. Je vous tiendrai au courant de tout ce qui se passera dans mon *gouvernement*. »

Reprenons le journal.

« *Lundi*, 12. — C'était aujourd'hui l'exposition du Saint-Sacrement à Sainte-Marie ; et, comme on nous l'avait dit, nous sommes allées faire une petite adoration. Quel bon moment j'ai passé! Le Saint-Sacrement était exposé dans la chapelle du Sacré-Cœur; il était de bonne heure; il n'y avait pas encore beaucoup du monde; mais ces quelques personnes étaient recueillies. J'étais placée près de la barrière, vers la chapelle de la sainte Vierge; j'avais devant moi l'autel du Sacré-Cœur et le Saint-Sacrement tout étincelant de lumière, et à côté la protection de la Mère de Dieu, près de cette petite chapelle où, tant de fois, elle a béni mes résolutions, au sortir du saint Tribunal.

« O Jésus, ami céleste, qui avez répandu en moi tant de bonheur et de grâces, pendant ces instants passés à vos pieds! Marie, mère de douleurs, bénissez encore aujourd'hui les engagements que j'ai pris devant vous; bénissez ma mère et toute ma famille; bénissez le saint prêtre, qui de là me conduit dans la voie que vous m'avez assignée! Que je sois fidèle à la parole que vous m'avez fait entendre par lui!... »

Le mercredi 14, elle écrit à Antoinette :

« Nous revenons de la Messe avec notre cher père, et je m'empresse de répondre à ta bonne lettre d'hier, qui nous a fait passer un si beau mardi gras. Papa l'a reçue avec un paquet de lettres d'affaires, et pour se donner le courage de prendre tous les soucis qu'elles apportent habituellement, il a réservé la tienne pour la bonne bouche, et ainsi a mis le baume nécessaire sur toutes les inquiétudes. J'avoue que je n'aurais pas été si patiente : j'aurais mangé mon pain blanc le premier, comme dit papa. En pareil cas n'aurais-tu pas fait comme moi? Je le crois très-fort. Enfin, maintenant je la possède cette lettre, et je te dirai que nous l'avons déjà commentée je ne sais combien de fois........................

« Marie-Gaëtane écoutait très-attentivement. Les gants blancs d'Adrien et ses cheveux pommadés lui ont fait ouvrir de grands yeux; mais ton silence sur elle l'inquiétait; elle nous disait : « Mais Antoinette ne parle donc pas de moi? » Alors je lui ai lu ton dernier paragraphe où tu me dis de l'embrasser et elle m'a rendu pour toi autant de baisers. Depuis que tu n'es plus là, elle m'appelle sa *chère petite mère*, et veut que j'aille la voir tous les soirs dans son lit. Mais sois tranquille, chère sœur, je ne veux pas me substituer à toi; l'affection qu'a pour toi notre petite Marie-Gaëtane t'est due à trop de titres pour que j'en sois envieuse; le rôle de mère te convient trop; tu me parais faite pour cela. Reçois donc toutes les caresses de *la Tienne*, toutes celles qu'elle me fait en ton absence et que je te renvoie de grand cœur.

« On m'appelle dans la chambre de maman pour lire une lettre de toi; encore, chère sœur?.. Merci mille fois; des lettres tous les jours!.... Nous n'osions pas t'en demander autant, car vous devez avoir à peine le temps de vous reposer; mais vous avez deviné notre impatience de savoir tout ce que vous faites ; et c'est toi, chère sœur, qui es notre courrier fidèle. Tes lettres nous font un plaisir immense par tous les détails que tu nous donnes, et quoique je confonde un peu dans mon esprit le Luxembourg, le Louvre et tous ces grands monuments dont tu nous parles, je me figure qu'à ton retour je vais connaître Paris comme ma poche.

« Avez-vous beau temps pour vos courses? Ici notre ciel est très-capricieux : un moment le soleil, un autre la pluie. Vous n'êtes pas encore allées au bois de Boulogne, ou du moins tu ne nous en dis rien. Papa paraît très-désireux de vous y voir aller; il me charge aussi de te demander comment, parmi tous les beaux chefs-d'œuvre de Paris, tu as trouvé la modeste cellule du grave Parisien qui a l'honneur de t'offrir son bras... Voilà déjà son dernier jour de vacances passé; aura-t-il quand même son après-midi de jeudi ?

« Demandez-lui s'il n'a pas trouvé chez lui une lettre que Paul vous a écrite vendredi passé. Comme il l'a fait partir du collége, je crains que l'adresse n'ait été légèrement compromise; nous lui avons dit d'écrire une seconde fois, et de nous donner sa petite feuille. Il a l'air très-content et dit à notre bonne mère que les Pères sont satisfaits de ses progrès en sagesse. Les jours gras ont été pour lui de bons jours de fêtes. Ils ont eu successivement loterie, concert, vaudeville et pièce; c'est là surtout que René a brillé; il n'est revenu qu'à dix heures, non-seulement pommadé, frisé, mais fardé et embaumé de telle façon que nous l'avons envoyé se laver avant de nous embrasser.

« Nous devions aller lundi au concert, ayant reçu la veille un programme fort tentant, servant de carte d'entrée ; et voilà que deux heures avant de partir René vient nous dire que les dames et les demoiselles sont exclues rigoureusement. Nous nous sommes consolées en allant saintement au sermon, mais en nous promettant bien d'agacer notre cher frère pour le joli tour qu'on nous a joué.

« Hier nous sommes allées à Mont-Ravel, passer notre mardi gras, et nous avons bu du lait, non dans des écuelles de bois comme Sa Majesté, mais dans de vrais *bichons* que Marguerite était toute fière de nous servir.

« Voilà, à peu près, tout ce que nous avons fait depuis dimanche. Tous ces détails ne te paraîtront-ils pas de reste à côté de tout ce que tu vois, chère Antoinette ? Il me semble qu'au contraire vous vous plairez dans la simplicité de nos journées, et que notre calme vous reposera de toutes vos grandeurs. Peut-être ai-je trop de prétention ?...

« Embrasse pour nous maman, aussi tendrement que possible. Amélie a été bien heureuse de ses quelques lignes ; dis-lui aussi que j'en voudrais bien autant.

« Adieu. Embrasse Adrien pour nous. Remercie-le de son attention de mettre au moins l'adresse de vos lettres. Il comprendra, je pense, que je dis cela sans malice ; il doit être trop à vous ces jours-ci pour avoir le temps de nous dire son bonheur... »

Le 15, elle reprend son journal.

« *Jeudi*, 15. — C'est de la serre de Mont-Ravel que je t'écris, chère sœur, près de ma chère chapelle, où je viens de faire pour toi et maman une courte prière.

« Je ne puis te faire ce petit journal aussi souvent que je le voudrais. Aujourd'hui je l'ai mis dans ma poche, pensant pouvoir t'écrire ; mais je n'ai que le temps de te dire à demain.

« *Vendredi*, 16. — Ce matin, en revenant de la Messe de la congrégation, nous avons rencontré à la porte les Petites Sœurs des pauvres, faisant la quête. Nous les avons fait entrer une minute. J'ai été heureuse de leur donner les uniques cinq francs de ma bourse. N'est-ce pas à vous, mon Dieu, que je les ai donnés par la main de vos servantes ?... La vue de ces Petites Sœurs m'a émue. Quelle belle mission ! Que de sublimes et saintes actions sont cachées là !... Mon Dieu, quelle sera ma mission à moi ?... Quelle sera la tienne, chère Antoinette ?... Croirais-tu que cette pensée m'occupe souvent devant Dieu ?... Pardonne-le-moi, si je te le dis aussi franchement ; ne sommes-nous pas convenues de nous parler ainsi ? D'ailleurs ce journal n'est que pour nous deux. Je regrette de ne pouvoir le faire exactement tous les jours. Je voudrais te dire tout ce qui me vient à l'esprit et au cœur, surtout pour toi, pour ma bonne mère, pour mes frères et mes sœurs ; mais je ne puis me trouver seule. »

Cependant les parents chez lesquels ma mère avait reçu une aimable hospitalité, voulurent la retenir quelques jours de plus auprès d'eux. Devant cette perspective qui l'affligeait, Ludovie ne put s'empêcher d'écrire à sa sœur :

« Si vous restez, c'est un véritable sacrifice que j'offre pour toi, chère sœur ; car je ne voudrais pas te priver de quoi que ce fût, et on nous dit que tu n'as vu encore que la moitié de ce que tu as à visiter. Si telle est la vérité, nous nous soumettrons, en disant avec le P. de Ravignan et papa : « *Le* « *bon Dieu a la bonté de mettre du purgatoire dans* « *toutes nos journées.* » Nous l'avons déjà dit sans fin, et aujourd'hui particulièrement. A vous maintenant de nous faire entrer dans la joie du Paradis. Vous sentez assez si nous avons besoin de vous embrasser. »

Le sacrifice d'une séparation prolongée était donc accepté ; mais il en coûtait à Ludovie.

Le dimanche 18, elle écrivait : « Mon Dieu, que l'absence est terrible ! secourez-moi. Le temps m'est d'une longueur incroyable ; et peut-il en être autrement ? je ne suis pas accoutumée à tout ce vide. C'est la première fois que je suis séparée de ma mère et de ma sœur ; car je ne compte pas le temps qu'Antoinette a passé en pension : à douze ans l'affection n'est plus la même qu'à vingt ans ; et cependant, hélas ! c'est à ce moment que bien souvent arrivent les séparations...

« Mon Dieu, pourquoi faut-il se séparer ?... Mais c'est vous qui l'ordonnez et le permettez ainsi ; je ne veux pas sonder l'avenir ; à vous seul il appartient pour toujours. Je vous bénis de m'avoir donné cette affection, qui fait notre bonheur sur la terre. Je m'abandonne à votre miséricorde pour tout. »

C'est par cet acte d'abandon que se termine ce journal de Ludovie à Antoinette.

L'émotion qu'elle ressentit en revoyant sa mère et sa sœur, lui fit répandre, au milieu de ses embrassements, des larmes qu'elle ne put contenir. Quelle joie pour elle de reprendre avec Antoinette sa vie d'intime union ! Elle la reprit si fort qu'il sembla cette année que sa tendresse pour sa sœur eût redoublé.

Un grand changement pourtant allait se faire dans leur existence. Le mariage d'Antoinette, décidé depuis quelque temps, avait été fixé au 31 mai.

Ludovie s'intéressait au bonheur de sa sœur au moins autant qu'au sien. Son journal nous a appris avec quelle ardeur elle priait pour cet avenir qu'elle savait bien devoir être différent du sien. Ses prières portèrent leurs fruits.

Quand le 31 mai fut arrivé, M. Condamin voulut bien se rendre à Mont-Ravel pour y bénir lui-même, dans le petit sanctuaire dont Ludovie était la gardienne, le mariage d'Antoinette avec M. Maurice R***.

L'émotion de Ludovie surpassa celle de tous les

autres assistants. Je la vois encore, le matin de ce jour, priant dans la chapelle entre ma mère et sa sœur bien-aimée. Elle était toute plongée en Dieu.

L'avenir d'Antoinette irrévocablement fixé ; le sien qui allait bientôt l'être ; une existence différente pour elles qui avaient été si intimement unies. Toutes ces pensées s'agitaient violemment dans son cœur.

« Que dirai-je de cette cérémonie ? s'écrie-t-elle dans son journal !.. Mon Dieu, vous savez tout ce qui se pressait dans nos cœurs !.. Quel mélange de joie et d'émotion !... mais vous avez tout conduit, tout dirigé... »

Après leur mariage Maurice et Antoinette devaient faire le pèlerinage de Rome. Quelle ne fut pas la joie de Ludovie, lorsque son beau-frère pour cadeau de noce lui offrit, ainsi qu'à ma mère et à Amélie, de partager ce voyage avec lui et Antoinette !

Ils partirent les premiers, ma mère et mes sœurs devaient les rejoindre à Livourne.

A Marseille, grande fut la joie de Ludovie à la vue de la mer et du sanctuaire de Notre Dame de la Garde.

« C'est aux pieds de ce sanctuaire béni, dit-elle

dans ses *Souvenirs de voyage*, où Marie a fixé sa demeure, que pour la première fois j'ai contemplé la mer ; illuminée des derniers rayons du soleil couchant, elle ne pouvait être plus belle que ce soir-là ; pure comme le ciel ; pas une vague n'agitait cette immense nappe d'eau, image de la grandeur de Dieu. Nous ne nous lassions pas d'admirer ce calme et cette immensité qui se perdait dans les cieux. Nous l'avons contemplée bien longtemps, avant d'entrer dans la chapelle ; et comme les pieux marins, qui peuplent le port de Marseille, nous venions aussi demander une heureuse traversée. »

A bord de la *Durance* elle s'écrie : « Le spectacle que nous avons sous les yeux ne suffit-il pas pour nous entretenir dans la pensée de Dieu ? Cet horizon sans borne porte beaucoup au recueillement, et la pensée s'en va bien loin. Aussi que de voyages déjà faits en imagination à Mont-Ravel, à Livourne et surtout à Rome ! »

Enfin : « Un matin, dit-elle (nous étions en vue de Livourne), pendant que nous regardions de côté et d'autre, une charmante petite barque, dont nous reconnaissons bien vite les passagers, s'approche tout près de nous ; c'étaient Antoinette et Maurice qui nous attendaient Quel bonheur de nous retrouver en famille ; et comme nous allons jouir ensemble de ce beau voyage ! ».

Il est inutile de dire que le temps fut bien employé à Rome par Ludovie. Il me faudrait transcrire ses *Souvenirs* en entier, si je voulais retracer tous ses enthousiasmes, répéter toutes ses réflexions pieuses, redire tous les cris de son âme.

Prier dans la basilique de Saint-Pierre ; fouler la même terre qu'ont foulée les apôtres, et après eux tant d'illustres pontifes ; rencontrer à chaque pas des souvenirs qui réveillent la foi ; ce fut pour elle une source de jouissances, qui n'auraient été mélangées d'aucune amertume, si Dieu n'avait permis qu'Amélie tombât gravement malade à Rome. Ce contre-temps affligea beaucoup Ludovie ; il l'empêcha de partager avec ma mère et Amélie le plaisir de visiter Rome.

Avec Maurice et Antoinette du moins elle fut infatigable dans ses courses.

La vue du Colisée la saisit fortement. « Rome, dit-elle, est la terre des impressions profondes. Chacun de ses monuments a vu passer des siècles de gloire et de terreur ; mais aucun n'a été, comme celui-là, le théâtre de tant d'humiliation pour les uns et de tant de gloire pour les autres, de tant d'héroïsme chrétien et de tant de bassesses païennes ! »

Elle contempla avec plaisir et décrivit avec une douce émotion « la gracieuse statue de *l'Innocence*, représentant une enfant serrant contre son sein une colombe, tandis qu'elle se retourne effrayée, voyant à ses pieds un serpent qui lève la tête vers elle. »

« Dans la même salle, ajoute-t-elle, est la célèbre mosaïque des *Colombes*, trouvée à la *villa Adriana*. Ce sont quatre colombes, posées sur le bord de la coupe : l'une d'entre elles boit dans l'eau où son bec est reflété avec un naturel parfait ; la mosaïque laisse même apercevoir les cercles que forme l'eau dans la jatte. Rien n'est joli comme ce petit tableau ; il semble qu'on va se mouiller les doigts en le touchant. »

Future épouse de Jésus-Christ, elle note avec satisfaction le souvenir qu'elle recueillit au lieu même « où sainte Agnès fut enterrée, après avoir subi le martyre pour l'amour de Celui qu'elle avait choisi pour unique Epoux. »

Ludovie avait coutume de se rendre le soir avec Maurice et Antoinette au Pincio, pour y écouter la musique militaire des soldats français. Y étant allés un vendredi, ils trouvèrent les jardins déserts. « Maurice, dit Ludovie, demanda à un soldat si la musique ne devait pas bientôt commencer; celui-ci répondit par ces mots, qui nous firent faire bien des réflexions : « *Aujourd'hui on ne joue pas à Rome; le vendredi* « *est saint !...* » Où serait en effet respectée davantage la sainteté douloureuse du vendredi, si ce n'est dans la Ville éternelle ? Ce sentiment de foi vive, répandu dans le peuple, est bien pour moi le meilleur des souvenirs. »

Tout en admirant les superbes basiliques, Ludovie ne laissait pas d'entrer dans les églises moins vastes et moins fréquentées de Rome, pour y goûter les joies de la prière et du silence.

« En revenant de la basilique de Saint-Laurent, dit-elle, nous sommes entrés à *Santa-Maria della Vittoria*, charmante petite église, d'un luxe remarquable en dorures, en marbres et en peintures. J'aime à entrer dans ces petites églises; il semble que l'on y soit plus près de Dieu que dans ces grandes basiliques, dont le vide paraît triste, malgré leur aspect grandiose qui vous saisit. »

Aussi pria-t-elle avec ferveur au Gesù, dans la silencieuse chapelle de saint Ignace; et au collége romain, dans celles de saint Louis et du Bienheureux Jean Berchmans.

Ce n'était pas seulement sur ses douleurs que Ludovie pleurait, c'était plus encore sur celles des siens.

Pendant l'année qu'il avait passée à Stonyhurst, Georges n'avait point encore pris de parti au sujet de sa vocation. Il devait attendre, près de deux ans encore, avant de recevoir de Dieu, avec cette lumière qui ne laisse plus de doute, cette force qui fait agir avec facilité et promptitude. Ludovie, qui avait reçu l'une et l'autre avec abondance, ne pouvait s'expliquer les retards de son frère ; elle s'affligeait de le voir indécis ; elle ne savait point encore que Dieu a ses voies et ses moments, qui très-souvent ne sont pas les nôtres.

Le 2 mai, elle fait part à Antoinette de ses anxiétés et de ses désirs sur ce point. S'ils sont vifs et ardents, à cause de l'état où elle se trouvait elle-même, ils sont pleins cependant de la plus fraternelle affection et de la plus chrétienne charité.

« *Jeudi 2 mai.* — Comme je vais prier pour toi, chère Antoinette, pendant ce beau mois de Marie, le dernier que je fais avec vous ! Ce sont mes adieux à ma chère chapelle, où j'ai été si heureuse ! où j'ai tant de fois prié pour vous tous, afin que le bon Dieu nous conduise, chacun selon ses vues.

« Si nous avions eu toutes deux la même vocation, nous aurions été trop heureuses, je crois. Le bon Dieu ne l'a pas voulu; et le meilleur n'est-il pas de le laisser choisir lui-même pour nous?

« Et Georges, chère Antoinette, que fera-t-il définitivement? Une vocation manquée est un si grand malheur! Mais, aussi, qui nous dit que le bon Dieu le voulait là! Quelquefois j'en doute, moi qui ai senti ce que c'était que cette conviction que Dieu met au cœur, quand il veut faire accomplir sa volonté.

« Si Georges l'a sentie comme moi, il lui sera impossible de résister à cette inspiration; elle lui reviendra. Ce moment d'incertitude peut être seulement une épreuve; car, rester là où il est, si la voix de Dieu lui parle encore, c'est impossible: ce serait *un martyre*. Je l'ai trop bien senti. Pour moi, si le bon Dieu ne me donnait pas à ce moment la force qu'il me donne pour accomplir mon sacrifice, cette seule pensée, qu'il faut, sous peine de manquer son salut, répondre à son appel, serait une *véritable agonie*. On ne pourrait vivre; par moment, il me semble que je mourrais... On ne peut se faire une idée de ce qu'est cette heure-là.

« Maintenant, je remercie Dieu de m'avoir donné l'ardeur que j'ai. Peut-être, sans cela, n'aurais-je pas eu le courage de vous quitter ; je me sentais si aimée de vous tous, et de toi, chère sœur !.. Quelquefois, c'était aussi la crainte de vous faire de la peine qui me torturait; et je t'assure que ce n'était pas la moindre des épreuves... Mais prions bien aussi pour notre Georges; que le bon Dieu l'éclaire et le fortifie ! »

Le 4, c'est tout à la fois un cri d'amour pour sa chère Antoinette et de résignation à la volonté de Dieu.

« *4 mai.* — Ma chère Antoinette, quand seras-tu là ? J'ai si peu de temps à jouir de vous tous, que le jour que je passe sans vous voir, m'est un siècle. Si je n'étais pas avec Amélie, les jours où je vais à Saint-Etienne, je resterais à côté de toi, de maman, sans vous quitter. Je n'ai de plaisir nulle part. C'est vous qu'il me faut maintenant, et personne autre...

« Mais que le bon Dieu fasse bien ce qu'il voudra de moi ; je me soumets à tout pour son amour. Je suis heureuse, oui, plus heureuse que je ne puis le dire, de la part qu'il me fait. Il dispose toujours toute chose pour notre plus grand bien. Il sait, sans doute, que j'ai un cœur qui ne sait pas se détacher, quand une fois il s'est donné ; et que, si tu étais là avec ton ange, ce serait doubler notre sacrifice à toutes deux, parce que je ne serais pas assez raisonnable pour ne pas me coller à toi.

« *Lundi 6.* — J'ai passé une bien bonne journée; hier, j'ai causé avec maman; aujourd'hui, je t'ai vue : je suis contente. Que le temps me dure, quand je vous ai quittées toutes deux !.. C'est que mon heure s'avance, le sacrifice sera bientôt là... Je l'accepte, ô mon Dieu ! Donnez-moi la générosité dans le sacrifice; vous savez que je me suis donnée toute à vous !

« *Mardi 7.* — Ma chère Antoinette, quand je ne serai plus là, tu seras bien toujours ma confidente; il faudra que tu me tiennes au courant de tout.

« En m'éloignant de vous, je veux continuer de vivre dans la famille, et de vous suivre dans tout ce que vous ferez. Tu me diras, n'est-ce pas, tout ce qui se passera ici? tout ce qui pourra arriver, soit à nos frères, soit à Amélie.

« Sois pour elle, chère Antoinette, ce que tu as été pour moi, autant que te le permettront maintenant tes devoirs de mère.

« Vois-tu, toutes les conversations que nous avons eues ensemble, toute cette confiance que nous avons eue si sincèrement l'une pour l'autre, je m'en souviens avec une consolation que je ne puis te dire. Plus j'y pense, plus je t'aime. Ce souvenir sera mes délices; donne-le aussi à notre chère Amélie. Elle a goûté moins que nous ce bonheur de famille par sa longue absence; mais, à présent, c'est elle qui va nous remplacer toutes deux auprès de maman. Fais-lui bien sentir ce bonheur d'être ensemble, que je remercie Dieu de m'avoir donné avec tant de profusion.

« Ma pauvre Antoinette, c'est bien à moi à te prêcher ! De quoi je me mêle ! Mais pourquoi ne pas te dire tout ce que je pense, puisque ce n'est que pour cela que je t'écris? Veux-tu savoir pourquoi je t'ai parlé d'Amélie? C'est presque te faire ma confession; mais tant pis !... J'ai peur de n'avoir pas été pour elle ce que j'aurais dû être, ce que tu as été pour moi. T'aimant davantage, je crains quelquefois de le lui avoir laissé connaître, et de lui avoir fait de la peine. Je sens que je n'ai pas avec elle ce laisser-aller et cette confiance que j'ai avec toi : je ne me suis pas efforcée de me vaincre. En cela, j'ai eu tort; et quelquefois je m'en suis fait un cas de conscience. C'est pour cela que je te recommande, lorsque je serai partie, chère Antoinette, de réparer envers elle ce que j'ai fait de mal.

« Sois meilleure que moi, et n'aie jamais l'air de me préférer. Cette pauvre Amélie ! que je suis fâchée de la peine que j'ai pu lui faire, tout en l'aimant beaucoup!... Mais le diable ne se sert-il pas de tout pour nous tenter? Qui m'aurait dit qu'il userait de notre bonne affection, pour me faire tomber dans ses piéges!... »

Elle ajoutait :

« Je veux te faire encore bien d'autres recommandations, avant de partir. Tu me permets bien de te dire tout ce qui me viendra au cœur? J'ai besoin que tu saches tout ce qui me préoccupe, en vous quittant... Mais, c'est assez pour aujourd'hui. J'ai bien des choses à écrire et à mettre en ordre. Adieu. Je t'aime. Ce sera toujours la même chose avec toi, quand je serai partie, comme à présent ; c'est bien entendu.

« Que Dieu accepte le sacrifice de ton absence, que je lui offre pour me préparer à la séparation ; et que nous nous retrouvions là-haut!... »

Pourquoi n'avons-nous plus ces choses, qu'elle avait écrites et qu'elle avait mises en ordre? C'était, sans doute, ce journal intime qu'elle déchira. Mais poursuivons.

« *Mardi 8 mai.* — Je pense, chère Antoinette, combien la sainte Vierge nous a aimées! C'est dans son mois que nous avons eu toutes nos fêtes. Tous les événements de ma vie se sont passés sous cette protection maternelle : ma première Communion, ma Confirmation, ma réception aux Enfants de Marie à Annonay. C'est aussi au commencement du mois de mai qu'il y a deux ans, j'ai fait le premier pas vers la vie religieuse. C'est le mois de ma naissance ; c'est le dernier maintenant que je passerai à Mont-Ravel au milieu de vous tous et de tout ce que j'ai tant aimé !

« Oh! la sainte Vierge m'aidera encore à faire ce grand pas. Toutes ces grâces, reçues sous sa protection, me donnent confiance ; je ne puis douter de sa bonté.

« René aussi veut, sous les auspices de la sainte Vierge, faire sa première démarche auprès de papa, afin de pouvoir entrer au noviciat au mois de septembre. Il lui a parlé dimanche pour la première fois ; mais comme je ne l'ai pas vu depuis, je ne sais pas s'il aura obtenu ce qu'il demandait. Antoinette, c'est encore une des choses dont je voulais te parler. Aide ce cher frère auprès de papa, s'il avait quelque difficulté. Il y a si longtemps que ce pauvre René attend ! Et moi, qui sais ce que c'est, je brûle pour lui.

« Je sais que c'est beaucoup demander à notre cher père : deux enfants dans la même année !...

Mais, aussi, il est préparé depuis longtemps à ce sacrifice, et le bon Dieu ne nous demande jamais rien au-dessus de nos forces.

« Je comprends tout ce que doit souffrir le cœur d'un père comme le nôtre. Mais l'appréhension continuelle de ce moment n'est elle pas aussi affreuse que le moment même ? Pour celui qui attend, chère Antoinette, c'est une véritable agonie. Je l'ai senti, et je te demande d'abréger autant qu'il te sera possible cette épreuve. Tu es notre sœur aînée et tu es fille aînée : tu as, plus que tout autre, le droit de parler et de demander.

« O ma chère Antoinette ! je sais à quelles tortures vous allez tous passer dans ces moments de séparation. Croyez bien que je les sens toutes, que je les ai toutes pesées et comptées, avant de dire ce OUI à Dieu qui les a toutes acceptées.

« Ayez du courage, je vous en prie. C'est un moment d'indicibles souffrances; mais le bon Dieu aide toujours. »

Oui, le bon Dieu fut notre force, et cette prière de Ludovie fut efficace. C'était elle qui partait et se sacrifiait ; et c'était elle, pourtant, qui nous soutenait et nous fortifiait !

Antoinette rentra à Mont-Ravel à la fin de mai.

Causer avec elle, caresser son petit Emmanuel,

fut une consolation, que Ludovie se refusa d'autant moins, qu'elle ne devait pas en jouir longtemps.

Sa vocation n'était plus un secret pour la famille. On n'en parlait pas, mais on y pensait sans cesse ; et, tous, nous sentions déjà les premières douleurs de la séparation.

Ludovie était dans un perpétuel martyre. Elle ne pouvait plus supporter, sans larmes dans les yeux, la vue de mon père ou de ma mère, ni celle d'aucun d'entre nous. Son cœur se déchirait lentement ; elle eût voulu qu'il se rompît d'un seul coup.

Une ou deux visites qu'elle fit au noviciat de la Ferrandière, l'aidèrent moins à prendre patience, qu'elles n'accrurent ses désirs.

Mais surtout un grand secours lui manquait : c'était celui de M. Condamin. Il semble que Dieu, qui du côté de la famille et du monde n'avait mis aucun obstacle à la vocation de Ludovie, ait voulu en revanche, pour lui faire mériter davantage, lui envoyer toutes les souffrances du cœur, même celle de ne pouvoir se consoler auprès de son confesseur, ce père de l'âme, ce confident de toutes nos peines !

M. Condamin, à la fin d'avril, avait été atteint

de la grave maladie qui, deux ans plus tard, devait l'enlever à l'estime et à la vénération de tout Saint-Etienne. Après une saison d'eaux à Aix-les-Bains, il s'était retiré chez sa sœur, Supérieure des religieuses de Saint-Charles, à Saint-Germain au Mont-d'Or.

Ludovie lui adressa plusieurs lettres, qui furent promptement suivies de leurs réponses. C'était sans doute pour lui demander d'avancer encore cette heure qu'elle redoutait, et dont l'appréhension était pour elle une torture. Mais il était inutile de revenir sur une décision qui devait avoir sitôt son accomplissement.

Georges se trouvait alors à Paris, auprès d'Adrien. Le 1er juin Ludovie leur écrit pour les préparer à son prochain départ :

« Je ne sais vraiment auquel de vous deux adresser ma lettre, tant j'ai besoin de vous dire à tous deux que je vous aime et que je reste toujours votre sœur dévouée et affectionnée. Si vous voulez, ma lettre vous sera commune à l'un et à l'autre, ayant pour chacun de vous en particulier la même confiance fraternelle. Oh ! que le bon Dieu nous conserve bien toujours cette douce union fraternelle ! Ne trouvez-vous pas que, plus on avance dans la vie, plus on l'apprécie? et que c'est une des plus grandes grâces de Dieu? Que je le remercie de me l'avoir si bien fait sentir, et de m'avoir fait comprendre qu'en me donnant à lui, je ne fais que resserrer davantage toutes ces chères affections de mon cœur!

« Comme je vais prier doublement pour vous, quand je n'aurai plus rien à demander pour moi! Et que je plains sincèrement ces familles, que l'on rencontre malheureusement quelquefois, qui se figurent qu'une fille ou un fils religieux est un membre perdu!... Moi, je me représente toujours le contraire; je me vois toujours au milieu de vous, par l'esprit et le cœur; et je vous vois, de temps en temps, et même très-souvent, venant raconter à votre sœur, la religieuse, les mille choses que vous n'aurez pas le temps de lui écrire assez longuement.

« Il me faudra d'abord tous les ans, aux grandes vacances, une visite solennelle de tous les dix; puis, Antoinette souvent, dans ses visites à Grigny; maman et Amélie, encore plus; papa, toi, cher Georges, Adrien, Maurice, que je ne sais pas séparer de vous; tous enfin, je vous voir venir, d'ici à quelques années, l'un de Paris, l'autre de Saint-Etienne, ou de partout ailleurs, selon la place que Dieu vous aura donnée, et toujours gais, contents, soumis en tout à sa volonté, et bien unis surtout, malgré tout ce qui pourrait nous arriver, plus tard. Je dis *nous* (quoique pour moi je n'aie plus rien à redouter), parce que j'entrerai toujours dans toutes vos joies ou vos peines, quelles qu'elles soient, et que je veux être tenue au courant de tout ce qui se passera, dans la famille, d'heureux ou de malheureux. C'est bien entendu, chers frères? vous le voulez bien comme cela, n'est-ce pas? Je reste votre sœur, la plus sincèrement dévouée ; c'est tout dire. A quoi bon tant vous le répéter ? Nous savons que nous nous aimons tous dans le bon Dieu ; cela ne suffit-il pas ?...

« Nous partons, mercredi ou jeudi, pour la Salette ; écrivez-nous, et adressez-nous votre lettre là-haut. Je serai très-fière de lire les nouvelles de l'Exposition sur la *Sainte Montagne* déserte.

« Tu seras de retour, cher Georges, lorsque nous reviendrons. Mais toi, cher Adrien, je ne t'embrasserai pas avant de partir !... Comme je vais prier Notre-Dame de la Salette qu'elle bénisse ton travail et ton absence !... »

C'était, tout à la fois, pour la distraire de ses douleurs et pour donner à sa piété une dernière consolation, que ma mère conduisait Ludovie à la Salette. La lutte, en effet, était si violente dans son cœur, que ses traits en étaient altérés et que sa santé dépérissait. Elle fut encore gaie pendant tout ce voyage.

La *Sainte Montagne* était couverte de fleurs de mille nuances. Ludovie et Amélie cueillirent des myosotis et en firent une couronne, qu'elles déposèrent, la veille de leur départ, sur la tête de la sainte Vierge en pleurs. Elle descendirent toutes les deux à pied jusqu'à Corps. Ludovic continuait à cueillir des fleurs le long du chemin.

Arrivées à Lyon, elles se rendirent à Saint-Germain. Cette consolation ne pouvait être refusée à ma sœur. Il fallait bien, en retour de ses privations, qu'elle allât chercher le mot d'adieu et la dernière bénédiction de son saint directeur. Dans la conversation qu'elles eurent avec lui, ma mère dit à M. Condamin qu'on s'occupait de fonder dans le diocèse de Grenoble une nouvelle congrégation de religieuses, qui devaient s'appeler *Religieuses de la Salette.* « Ludovie, ajouta-t-elle plaisamment, n'a pas eu envie de se laisser enrôler. »

« *Oh! il vaut mieux entrer au Sacré-Cœur,* s'écria ma sœur; *je crois bien que nulle part je ne puis trouver de plus sûres garanties de bonheur.* »

« Oh! le Sacré-Cœur, c'est admirable! » répliqua M. Condamin, qui l'écoutait en souriant

Cependant la vocation de ma sœur commençait à être connue hors de la famille.

A mesure que le bruit s'en répandait, c'étaient partout de nouvelles marques d'étonnement.

Ludovie religieuse! disait-on; elle si bonne, si attachée aux siens, quitter sa famille! Cela paraissait incroyable... De fait les hommes pouvaient bien en être surpris, lorsque nous avons vu Ludovie s'étonner elle-même de son propre courage et de sa propre vertu. Elle l'avait dit à Antoinette et à Adrien dans ses lettres, et, peu avant son départ, se promenant au jardin avec Amélie, elle lui répétait encore : « *Je vous aime tous tant, et je me sens si aimée, que bien des fois ce sentiment m'a fait dire : aurai-je jamais assez de courage pour me faire religieuse?* »

Cependant les jours s'étaient écoulés; on était au 24 juin.

Je la vois encore au milieu de nous, pendant cette dernière soirée. Nous étions tous groupés autour d'elle; elle tenait dans ses mains son *Manuel du Chrétien*, qu'elle aimait beaucoup. Sa physionomie, quoique douce et sereine toujours, trahissait les combats de son âme. Elle avait peine à contenir son émotion. On voyait à ses yeux qu'elle avait beaucoup pleuré.

Le dernier repas que nous prîmes ensemble fut silencieux ; et bien des larmes accompagnèrent la dernière prière du soir qu'elle récita. Après la prière, nous nous embrassâmes, comme nous avions coutume de le faire avant de prendre notre repos. Ma mère, appuyée sur le bras de Ludovie, l'accompagna dans sa chambre. *Qu'il nous faut du courage, ma fille !* lui disait-elle tout bas.

Le lendemain, de bonne heure, nous entendîmes la Messe pour la dernière fois à ses côtés dans notre chapelle; puis il fallut se dire adieu...

Nous mêlions nos larmes aux siennes. Nous nous approchions d'elle pour l'embrasser ; il semblait que nous ne pourrions jamais détacher nos lèvres de ce front ordinairement si joyeux... Mon père la retint longtemps dans ses bras en la couvrant de baisers. Enfin ma mère et Georges montèrent avec elle en voiture et nous nous séparâmes.

Arrivée à Saint-Etienne, Ludovie voulut dire adieu à une domestique dévouée et attachée depuis longtemps à la famille. Celle-ci avait prévu la délicate attention de Ludovie; et, redoutant l'émotion que ce départ lui causerait, elle s'était cachée dans une chambre retirée, afin que ma sœur ne la trouvât pas.

Ludovie fit des recherches, la trouva, l'embrassa et lui montra une vive affection. Quelques jours après cette fille, racontant tout cela à Amélie, lui disait : « Oh ! voyez, j'aimais Mlle Ludovie, comme on aime une sœur. » Un autre jour, elle ajoutait : « Oh ! je suis sûre que Mlle Ludovie ne sera pas religieuse longtemps ; elle mourra jeune. »

Arrivée à la Ferrandière, ma mère remit entre les mains de la Supérieure sa fille bien-aimée, qu'elle couvrit une dernière fois de ses baisers. Puis Georges se hâta de la ramener parmi nous, pour lui faire prendre le repos dont elle avait besoin.

Que cette journée à Mont-Ravel fut longue et douloureuse ! Après le départ de Ludovie, nous fîmes au jardin un tour de promenade silencieux. Nous avions tous le cœur brisé... Jamais Mont-Ravel n'avait vu se lever un si triste jour... Nous attendions le retour de ma mère avec impatience. Le soir, quand elle arriva, il nous semblait, en elle, embrasser encore Ludovie.

Antoinette, après le départ de sa sœur bien-aimée, avait écrit à Adrien pour lui faire part de sa douleur. Le lendemain Ludovie elle-même lui envoyait ses adieux du Sacré-Cœur de la Ferrandière :

« Qu'il me tardait de causer avec toi, mon cher Adrien, et de te parler par lettre, comme je t'aurais parlé lundi et mardi, si tu avais été à Mont-Ravel ! Il ne manquait que toi pour ce grand moment, que le bon Dieu avait marqué depuis si longtemps. Oh ! oui, il l'avait bien marqué ; il nous l'a montré par la force qu'il nous a envoyée à tous.

« Bien cher Adrien, que j'aurais voulu t'embrasser aussi ! Le bon Dieu ne l'a pas voulu ; pensons que c'est pour notre bien. Il sait, mieux que nous, arranger toutes choses.

« Je compte sur toi maintenant, cher frère, et sur ton retour, pour égayer et distraire la maison. Je te recommande papa et maman ; et moi, je prierai beaucoup pour que le bon Dieu vous conserve, malgré tout, notre douce gaîté de famille, la meilleure et la plus pure. Je serai contente, quand vous m'écrirez que l'entrain des vacances est dans tout son beau.

« Je ne veux pas que vous soyez tristes à cause de moi, puisque c'est le bon Dieu qui m'a prise, et qu'il aime toujours être servi avec joie, même quand il semble nous déchirer le cœur. Ainsi, c'est bien entendu, n'est-ce pas, cher Adrien ? quand tu verras un peu de tristesse, toi, en véritable frère aîné, tu la chasseras, sans qu'on s'en aperçoive, en causant beaucoup, avec tous, de ce que tu auras vu et fait à Paris; tu sais qu'on aime cela, maman surtout.

« Oh ! comme je vais prier pour cette bonne mère et pour tous; pour toi, cher Adrien, comme le chef de la famille. C'est vendredi que je vous mettrai tous dans le Sacré Cœur de JÉSUS ; et là, je vous aimerai tous les jours davantage. Je lui ai dit, bien souvent, que je me consacrais toute à lui, pour le bonheur de la famille, pour que chacun nous le servions fidèlement, où il lui plaira et comme il lui plaira.

« Tu m'as écrit une bien longue lettre, la semaine dernière, cher Adrien ; je voulais t'en remercier avant de partir : le temps m'a manqué ; aussi je te consacre ma première heure libre. Lundi, je t'aurais peut-être attristé, tandis qu'aujourd'hui, nous n'avons qu'à remercier le bon Dieu du grand pas qu'il m'a aidé à faire et à le laisser lui-même consoler notre cœur.

« Demain, je demanderai la permission de communier et je le ferai pour toi. Veux-tu aussi faire une communion pour moi à Notre-Dame des Victoires ? Nous ferions un échange, comme j'ai fait dimanche à Mont-Ravel, avec Maurice et Georges ; tu me diras le jour que tu auras choisi, pour que je m'unisse particulièrement à toi, n'est-ce pas, cher Adrien?

« Veux-tu savoir un peu ce que je fais depuis hier? Ce n'est pas grand'chose : *je regarde, je demande, je suis mes sœurs*, et le temps me paraît passer bien vite. J'ai ma petite chambre devant Notre-Dame de Fourvière ; je la prie de vous faire à tous une petite visite pour moi et de prendre ma place à Mont-Ravel, pour qu'on ne souffre pas trop de mon absence.

« Quand je suis partie, Marie-Gaëtane était au lit depuis huit jours ; elle a eu une forte fièvre scarlatine. Te l'avait-on écrit? On t'avait un peu délaissé la semaine passée, mon cher Adrien ; et c'est moi, en partie, qui en suis cause. Pardonne-moi, cher frère ; ce petit retard n'arrivera plus... Je vais dire mon chapelet.

« Adieu, dans le Cœur de JÉSUS et de la sainte Vierge. Je vais prier pour toi. Adieu ; je t'aime de tout cœur. »

Ainsi, à la douleur et à l'angoisse, Dieu avait déjà fait succéder le calme et la paix dans cette âme encore sous le coup du sacrifice.

Ludovie voulut aussi faire ses adieux à sa chère chapelle, et écrire de la Ferrandière la dernière page de son journal. Je la place ici; elle termine bien cette première partie de sa vie.

« Si, maintenant, je forme encore un vœu pour le bien-aimé sanctuaire, qui fit les délices de ma famille, c'est que Notre-Seigneur et sa très-sainte Mère y soient, toujours, beaucoup aimés !.. C'est qu'ils bénissent avec effusion ceux qui viendront y prier ; c'est encore que cette famille privilégiée soit toujours, dans leurs mains, soumise à toutes les volontés divines ; et que la foi, déposée dans les cœurs de frères et de sœurs par un père et une mère si aimés et si pieux, trouve toujours dans ce paisible asile, avec sa force première, le courage nécessaire dans toutes les épreuves de la vie.

« Je ne crois pas avoir rien tant aimé que notre chère chapelle ; c'est pourquoi j'y appelle, pour tous les miens, ce que j'y ai toujours trouvé : *le bonheur le plus pur, et la force de tout sacrifier pour Dieu.*

« Mon Dieu, c'est après y avoir bien souvent entendu votre voix qui m'appelait, que je vous ai prié là pour la dernière fois ! La Messe de la nuit de Noël est la dernière fête que j'y ai vue ; elle ne s'effacera pas de mon cœur ; non plus que tous les souvenirs intimes dont vous avez été la source !...

« Je suis heureuse maintenant de vous avoir tout donné, ô mon Dieu !

« S'il est une famille que vous ayez plus particulièrement bénie que celle que j'ai quittée pour vous, qu'il n'y en ait pas, du moins, qui vous aime davantage et qui vous reste plus fidèle !

« C'est la dernière prière et le seul désir de mon cœur ! »

VI

LE POSTULAT

Premières lettres. — La prise d'habit. — Nouveau départ.

Dois-je dire que ma sœur venait de quitter le monde et de briser avec toutes ses espérances?... Mont-Ravel était ce monde!... les espérances qu'il lui offrait étaient-elles des espérances mondaines?...Je ne le pense pas. Il n'en est pas moins vrai, pourtant, que Ludovie venait de faire un grand sacrifice, un acte bien méritoire aux yeux de Dieu...

Renoncer à tous les biens que l'on peut légitimement posséder et désirer en ce monde, ce n'est point là quelque chose de si naturel à l'homme, et qui se fasse si aisément.

Toutefois, quelque grand et quelque méritoire

que fût en lui-même le sacrifice de Ludovie, il pouvait bien ne pas paraître tel aux yeux des hommes.

En effet la vie nouvelle que ma sœur va mener ressemblera beaucoup à sa vie passée. Si jusqu'ici le monde a été pour elle une chose à peu près inconnue, maintenant il sera complètement oublié. Si jusqu'ici elle a été pieuse, humble et dévouée, maintenant sa piété, son humilité, son dévouement prendront un nouvel essor. Si elle a beaucoup et saintement aimé les siens à Mont-Ravel, en religion elle les aimera d'un amour encore plus fort et plus saint : Voilà tout le changement qui s'accomplira dans sa vie. Or, tout ceci se passe dans le cœur; Dieu seul le voit, et les hommes n'y font pas grande attention.

C'est Ludovie qui va parler, à peu près constamment, dans le seconde partie de ce récit. Aux témoignages de sa vertu, que nous fourniront ses lettres, j'aurai peu de chose à ajouter. On a vite fait de raconter la vie d'une simple religieuse, que la mort a promptement enlevée à la terre. Chercher à ne pas se distinguer des autres; s'acquitter, avec ferveur et humilité, des observances régulières; vivre cachée en Dieu avec Jésus-Christ; être prête, avec lui, à tous les dévouements : n'est-ce pas là toute sa perfection? et faut-il beaucoup de pages pour raconter ces choses?

Avant d'admettre définitivement au noviciat les jeunes personnes qui s'y présentent, la règle de la Société du Sacré-Cœur exige trois mois d'épreuve. Pendant ce temps, les postulantes doivent examiner si vraiment elles sont appelées, et si la force et le courage ne leur manquent pas pour réaliser leur saint projet.

Ludovie ne sentait guère le besoin de s'examiner ; ce n'était pas pour cela qu'elle était venue le 25 juin à la Ferrandière, et qu'elle avait dit adieu à tous les siens, au milieu de tant de larmes. Elle se soumit toutefois pleinement à la règle ; mais non sans un vif désir de voir s'abréger ce temps d'épreuve. « Quinze jours après son arivée, nous dit la Maîtresse des novices, elle sollicitait déjà la faveur de prendre l'habit, aspirant à porter le plus tôt possible les livrées de Celui à qui elle avait donné tout son cœur. »

Bien que ces désirs ardents ne fussent pas un motif suffisant pour passer sur un usage établi par la prudence et la sagesse, on en tint compte pourtant, et l'entrée de Ludovie au noviciat, comme nous le verrons, fut devancée de quelques jours.

Je n'ai aucun détail à signaler sur le temps de son postulat. Elle y fut modeste et silencieuse, toujours égale et toujours souriante ; *regardant*, *écoutant et suivant ses Sœurs en religion*, comme elle le disait à Adrien, et faisant cela avec une simplicité et un laisser-faire qui devaient rejouir l'œil de Dieu.

Ses lettres nous font connaître quelque chose de son bonheur :

« Comme il me semble sentir battre votre cœur, dans l'attente d'une lettre de votre Ludovie ! écrit-elle à ma mère le 27 juin. Je sens que le mien battra si fort à la première vue de votre écriture ! Et, cependant, on dit que l'amour filial est si faible à côté de l'amour maternel. Aussi, comme le bon Dieu va vous aimer davantage, papa et vous, maintenant que vous lui avez donné votre fille !

« C'est demain que nous entrerons tous dans son Cœur, n'est-ce pas, chère maman? Là nous continuerons à vivre ensemble, plus encore que par le passé. Le Saint-Sacrement est exposé ici tous les jours, dans la petite chapelle des Enfants de Marie ; il y sera jusqu'à la fin de l'Octave. On a la facilité d'y aller toutes les fois qu'on le désire. Ainsi, vous voyez comme vous m'avez placée tout de suite dans le Cœur de mon Epoux... J'apprendrai tout de Lui ; je lui donnerai tout, et je lui dirai de vous en remettre le centuple qu'il a promis.

« Je viens de m'interrompre pour aller au Salut, où j'ai reçu la bénédiction du Saint-Sacrement pour toute la famille. Maintenant me voilà à vous, chère maman, tout heureuse et contente de vous raconter ce que je fais, de vous dire que je vous parle, à tout instant, au fond de mon cœur.

« M'entendez-vous quand je vous dis en moi : « *Maman, je vais faire telle chose ;* ou : *je viens de* « *la faire?* » Cette phrase est si vraie dans ma pensée, et je l'y ai si constamment, que je crois vous entendre me répondre. Ce qui m'inquiète, c'est que je suis sûre que vous vous tourmentez au sujet de votre Ludovie, bonne mère ! Mais vous savez bien que je vous ai promis d'être simple; ainsi ne vous tourmentez pas, je vous en prie : votre sécurité fera la mienne.

« Je suis aussi à l'aise ici qu'à Mont-Ravel, tant il me semble y être encore... Qu'y fait-on dans ce cher Mont-Ravel ? Vous m'écrirez bien ce qui s'y passera ; et si je ne puis plus causer autant avec vous, je le ferai en parlant au Sacré Cœur, et comme vous lui parlez aussi, nous nous entendrons toujours. La chapelle des Enfants de Marie me représente presque la chapelle de Mont-Ravel ; si je deviens un jour sacristine, l'illusion sera complète...

« Qui reverrai-je le premier ? Sera-ce papa, vous ou Antoinette? Embrassez ce cher père pour moi, et dites-lui bien que sa fille lui reste tout entière ; qu'en apprenant à aimer Dieu davantage, on comprend aussi davantage ce que l'on doit à ses parents ; le cœur s'agrandit pour eux, l'affection y augmente toujours.

« Adieu, chère maman. Le bon Dieu, qui me veut là, nous donnera à tous ce qui nous sera nécessaire, pour être bien à Lui. Pour moi, je n'ai qu'à me laisser *défaire* et *refondre*. Ce que je lui demande par-dessus tout, c'est qu'il vous console et qu'il vous rende ce que vous lui avez donné.

« Embrassez pour moi papa, Antoinette, Maurice, Georges, tous enfin, aussi affectueusement que possible. Je suis fille, sœur et épouse dans le Cœur de Jésus. N'est-ce pas Lui qui donne et qui fortifie l'affection ?... »

Quelques jours après, Ludovie, dans une seconde lettre à ma mère, lui exprime le bonheur et la paix qu'elle éprouve, depuis qu'elle est entrée au Sacré-Cœur. Elle revient sur cette idée que le bon Dieu l'a complétement changée, si elle osait, elle écrirait *convertie*. Elle veut dire, sans doute, que Dieu lui a donné une force à laquelle elle ne s'attendait pas. De plus, elle a reçu la charge de sacristine, et sa joie est à son comble :

« Je vous laisse bien longtemps sans lettre, chère et bonne mère, et pourtant j'ai tant à vous, dire !... Mais j'ai reçu de vos nouvelles, et vous des miennes, par papa ; ce qui me console un peu du retard de mon courrier.

« Vous avez donc eu René assez fatigué? Comme je suis présente à votre peine ! Avez-vous senti que je vous aidais de loin, comme je l'aurais fait de près? je suis avec vous, à côté de vous. Le bon Dieu fait que ce souvenir de la famille, sans cesse présent en moi, ne me rend pas triste. Oh ! que je voudrais, bonne mère, vous faire partager la paix que j'éprouve depuis que je suis ici ! Dieu me veut bien là ; il me le fait sentir de toutes manières. Je ne me reconnais plus. Mais, ne m'attribuez pas la force que je me sens en ce moment: moi-même je ne m'en rends pas compte.

« Dieu me conduit. Que puis-je faire de mieux que de me laisser conduire? Ce que je désire, ce que je demande, c'est que vous, bonne mère, vous soyez consolée et fortifiée, comme je le suis; car le don que je fais à Dieu ne peut être comparé à celui que vous lui avez fait de votre enfant. Si la pensée de mon bonheur vous est une consolation, chère et bonne mère, soyez sûre que votre Ludovie est pleinement heureuse en JÉSUS.

« La seule chose qui ternit par moment ce bonheur si pur, c'est la pensée que vous êtes triste à cause de mon absence. Mais je ne veux pas me laisser aller à cette pensée ; car Celui qui a promis d'être le père, la mère, le frère, la sœur de ceux qui ont tout quitté pour lui, saura aussi prendre un cœur d'enfant et de fille pour la mère qui lui a donné la sienne.

« La vie de communauté est une vie de famille en grand : on y retrouve toutes les affections. Le bon Dieu l'a fait ainsi, non pour que nous formions de nouveaux liens, mais pour conserver dans le cœur de ses Epouses cette part bénie d'affection, que lui-même y a imprimée si fortement, et qu'il veut nous rendre pleinement et parfaitement au ciel. C'est souvent ma prière depuis que je suis ici : « *Mon Dieu, pour votre amour, je vous* « *offre la séparation sur la terre ! mais faites qu'au* « *ciel je retrouve tous les miens !..* »

« Dites-moi où en sont les ornements de la chapelle. Ma chère chapelle ! Que j'y vais prier souvent ! Papa vous a-t-il dit qu'ici je suis sacristine ? J'ai été bien heureuse de recevoir cette charge, qui me fait continuer mes occupations chéries de Mont-Ravel.

« Adieu, bonne mère, soyez parfaitement tranquille sur ma santé : je ne souffre de rien ; pas même de me lever matin. Lorsque vous me verrez, vous serez étonnée de ma bonne mine. Vous, chère maman, soignez-vous ; et, surtout, laissez-vous soigner.

« Embrassez pour moi votre petit troupeau.

« Adieu encore. Je vais maintenant aller parler de vous avec le bon Dieu. Adieu donc, bonne mère. »

Ces lettres étaient lues au milieu des larmes ; on se les passait de main en main. Ce n'était pourtant pas la tristesse qui gagnait nos cœurs, quand nous les lisions ; c'était un mélange d'affection, d'admiration et de respect même, pour notre sainte sœur.

Le soir, où elles nous arrivaient à Mont-Ravel, le repas se passait ordinairement dans le silence, tant l'émotion et les douces larmes étouffaient nos voix.

Dans les premiers temps, ces courriers nous arrivaient fréquemment ; c'était tantôt l'un, tantôt l'autre que Ludovie choisissait pour interprète de son affection auprès de tous.

On conçoit qu'après mon père et ma mère ce fut souvent Antoinette. Nous retrouvons dans les lettres que Ludovie lui écrit ce même cœur que nous avons appris à connaître à fond dans les pages de son journal. Mais, ici, il est plus calme, parce qu'il a enfin trouvé l'élément qu'il lui fallait.

« Rien qu'une demi-feuille pour toi, ma bien chère Antoinette ! C'est bien peu. Tu ne serais pas contente, je ne le serais pas non plus, si je ne savais pas que le cœur est aussi aimant dans un seul mot, que dans une longue lettre. Je t'aime, et nous nous aimerons toujours ; il ne faut pas tant de place pour se dire cela.

« Ici, comme à Mont-Ravel, je suis sœur. Oh ! que souvent je remercie le bon Dieu de m'avoir donné cette affection-là ! Et que je plains celles qui n'ont pas de sœur ! Quand bien même on se sépare, on vit toujours ensemble ; car c'est le bon Dieu qui sépare momentanément, et il n'y a qu'à venir le prier pour se retrouver.

« N'est-ce pas comme cela que tu fais, chère Antoinette ? Après que tu m'as cherchée, comme tu le dis, dans les allées de Mont-Ravel, cherche-moi avec le bon Dieu et je te répondrai toujours...

« Maman m'a dit que tu avais été souffrante, chère sœur ; écris-moi bien vite que ce n'était rien et que tu es remise.

« Oh ! comme le bon Dieu nous a aimés tous, chère Antoinette !... Ne trouves-tu pas qu'il nous conduit merveilleusement? A toi, qui avais plus d'énergie, il donne de faire du bien dans le monde; à moi, qui n'aurais pas su seule résister au torrent, il donne l'asile de son Cœur ; et qui ne voudrait une prison si aimable?... Adrien s'affermit de plus en plus dans sa voie de travail. Voilà René qui prend son vol ; et notre bon Georges prendra bien certainement le sien, au moment voulu. Amélie se dévoue et se donne; c'est la meilleure disposition pour recevoir beaucoup. Sois bien pour elle, Antoinette, ce que tu as été pour moi : *sœur chérie*. Tu sais bien pourquoi je te dis cela.

« Le bon Dieu ne nous a pas tant unies pendant cinq ans, pour nous faire jouir seules de la joie de cette intimité. Je me dis toujours qu'il a eu là un dessein particulier, et que, pour y répondre, il nous faut tourner à lui tous les instants, toutes les circonstances de notre vie. Passons entre nous cette convention, bien chère Antoinette, que rien n'est changé pour nous, mais à une condition : c'est que Dieu sera toujours le but de toutes nos vues, de toutes nos œuvres et de toutes nos affections. Vois-tu, c'est comme si nous vivions ensemble ; nous travaillons pour le même but : celui de gagner des âmes à l'amour de

Jésus. Comme mère de famille, c'est là ton devoir, ta tâche, de former pour Dieu les âmes qu'il te donnera dans sa bonté ; et moi j'aurai plus tard aussi de petites enfants, à qui je devrai apprendre à aimer.

« Ne pensons plus à la séparation, chère sœur, que pour en renouveler chaque fois le sacrifice avec plus d'amour et de générosité. Le bon Dieu n'est-il pas tout ? Et quand nous serons auprès de lui dans le ciel, regretterons-nous les sacrifices qu'il nous aura demandés sur la terre ?...

« Adieu, bonne sœur. Fais mille caresses de ma part à ton petit ange ; embrasse bien affectueusement Maurice pour moi...... »

Un autre jour elle revient sur les mêmes pensées :

« Je n'aurai pas le temps de t'écrire bien longuement aujourd'hui ; mais si court soit-il, un mot est toujours le bienvenu entre sœurs affectionnées ; et nous le sommes sincèrement, n'est-il pas vrai ?

« Le bon Dieu nous place, comme il veut ; nous rapproche ou nous sépare, comme il lui plaît ; mais il ne resserre jamais le cœur ; et plus on se donne à lui, plus l'affection s'augmente en se surnaturalisant. Soyons bien tout à lui, chacune dans l'état où il nous a mises : c'est le moyen d'être toujours heureuses.

« Plus je vais, plus je vois que nous sommes de vraies enfants gâtées de la Providence, et que nous devons une immense reconnaissance à Dieu pour nous avoir donné des parents comme les nôtres. Toi, chère Antoinette, ne le comprends-tu pas davantage, depuis que tu es mère ? Papa est ravi de ton cher petit ange; et je me figure facilement toutes les caresses qui lui sont prodiguées. Voilà un petit cœur, qui plus tard se joindra à nous pour aimer ceux à qui nous devons tant ; c'est toi, chère sœur, qui le formeras...

« Je vous vois, Amélie et toi, ne vous quittant pas une minute auprès de maman, et Emmanuel souvent sur les genoux de l'une des trois ; puis Maurice se fâchera de ce qu'on lui prend son fils ! Que serait-ce, s'il y avait encore là une tante Ludovie !.. D'ici j'aime et je ne prends la place de personne ; et Celui qui dirige tout, dispense, comme il lui plaît, mon affection sur vous tous.

« Mon cœur n'a pas changé, en se donnant à Notre-Seigneur ; il n'en est devenu que plus aimant ; et quand je ne puis pas vous le dire directement, je prends le chemin du ciel : c'est-à-dire que je prie pour que ma sincère affection vous soit utile auprès de Dieu. Aussi, chère Antoinette, jamais de doute : c'est dans le Cœur de Jésus que je t'aime ; et l'affection que je dépose dans son Cœur, ne peut s'affaiblir.

« Tu embrasseras maman pour moi, de tout ton cœur ; tu lui diras qu'aujourd'hui 19 je viens d'orner le groupe de Notre-Dame de la Salette et d'y allumer une lampe ; ce soir nous devons y dire les litanies.

« Tu feras à tous, chère sœur, mes plus sincères amitiés, et une caresse toute particulière à ton *bébé*.

« Demain, saint Joseph me fera passer la journée avec toi. Es-tu fidèle au rendez-vous ?... »

C'est ainsi que Ludovie continuait à vivre au milieu de la famille. La meilleure partie d'elle-même, son cœur, n'avait point quitté Mont-Ravel.

« Deux mots ici pour vous, écrit-elle un jour à ma mère, car vos deux bonnes visites dans la semaine ne remplacent pas, pour vous comme pour moi, le doux tête-à-tête de tous les jours. Il se continue, je le sais, tous les instants, de la chapelle de Mont-Ravel à celle de la Ferrandière ; et quoique nos cœurs s'y entendent dans celui de Jésus, le mien a besoin quelquefois de parler au vôtre plus directement, si je puis m'exprimer ainsi.

« Et puis, j'ai tant envie de vos chères lettres, bonne mère, que rien que cela me ferait vous écrire. Mais qu'est-ce que je vous dis là ?.. Si vous alliez me prendre au mot et remplacer chacune de vos visites par une lettre, que je serais attrapée ! Si bonnes soient-elles, ces quatre pages vous vaudraient-elles vous, maman, en réalité? Oh ! bien certainement non ! Je me dépêche bien vite de vous le dire, pour que vous ne changiez rien à vos petits voyages de quinzaine en quinzaine... »

Pour la première fois, Ludovie était absente cette année au moment de la fête de mon père et de ma mère, et ne pouvait pas les embrasser avec nous.

« Que vous dira aujourd'hui le cœur de votre fille chérie? leur écrit-elle, le 24 août. Qu'est-ce qui l'occupe? Que vous souhaite-t-il? Saint Louis et saint Augustin ne vous l'ont-ils pas dit? Ce matin je les ai priés de prendre sur eux ma dette de reconnaissance ; car toute ma tendresse de fille ne peut qu'imparfaitement l'exprimer ; et, plus que jamais, j'ai besoin de l'union de nos huit cœurs filials, pour suppléer à la faiblesse du mien.

« Oui, toujours huit enfants, dix maintenant, vous fêtent à Mont-Ravel. Mais que j'aime, en regardant plus haut, entendre Celui à qui vous m'avez donnée pour Epouse, me dire que pour ce don il ne désire rien si vivement que de rendre le centuple !

« Si vous m'aviez donné un époux sur la terre, aujourd'hui il vous apporterait ses vœux et ses présents ; rien ne le séparerait de nous ; son affection, jointe à la nôtre, ferait notre joie, parce qu'un cœur de plus battrait pour vous de reconnaissance et d'amour filial. Eh bien, cet Epoux, c'est JÉSUS lui-même. Il est au milieu de vous, aujourd'hui il vous fête. Cher père et chère mère, ne dites pas que pour la première fois il vous manque un enfant ; vous possédez au contraire Celui qui a toutes les faveurs, toutes les richesses, et qui n'attend qu'une humble demande pour les répandre sur sa famille privilégiée. Il ne vous a pas enlevé votre fille. Il veut seulement vous la rendre plus aimante, plus parfaite, en l'unissant à lui.

« Je fêterai saint Augustin pendant ma retraite, bien qu'aujourd'hui je ne le sépare pas de saint Louis. C'est ce soir que nous entrons dans le grand silence et la solitude, sous les auspices du saint Cœur de Marie. Ma première retraite s'ouvre le jour de votre fête ; la date du 25 va me devenir doublement chère.

« Je suis tout entière de cœur à Mont-Ravel, dans chaque baiser que vous donnent aujourd'hui vos chers enfants.

« Adieu, bonne mère et cher père. J'embrasse, aussi affectueusement que mon cœur sait le faire, mes frères et sœurs bien-aimés et le petit ange Emmanuel.

« Adieu encore. Je vais passer huit jours sans vous écrire; mais Celui avec qui je serai, vous parlera pour moi. »

Cependant Ludovie touchait au terme de son postulat, et sa prise d'habit était fixée au 15 septembre, jour de la fête de Notre-Dame des Sept-Douleurs. Inutile de dire qu'elle vit arriver ce jour avec joie : elle allait enfin se dépouiller de tout ce qui rappelait encore le monde en elle, pour se revêtir des livrées de son céleste Epoux.

M. Condamin, toujours malade, ne put se rendre à Lyon pour présider cette cérémonie, comme il l'avait laissé espérer à Ludovie. Ce fut le R. P Recteur du collége de Saint-Michel, qui célébra la sainte Messe et prêcha la vêture.

Nous assistâmes tous au complet à cette première consécration de ma sœur à Dieu. Cette cérémonie, quoique bien émouvante, ne nous accabla pas cependant. Depuis le jour de la séparation, le temps qui s'était écoulé, et plus encore les ferventes prières de Ludovie, avaient attiré sur chacun de nous la grâce nécessaire pour accepter pleinement le sacrifice. Et quand nous vîmes notre chère sœur échanger sa robe de fiancée contre la robe noire du cloître, si nos yeux versèrent d'abondantes larmes, nos cœurs ne furent pas brisés. Il nous semblait même qu'elle nous devenait plus chère, et, après la cérémonie, nous l'embrassâmes tous avec effusion sous son nouvel habit de religieuse.

Quand, à ce moment, elle parut au milieu de toute la famille et des quelques parents qui se trouvaient avec nous au salon, son visage était si souriant, son attitude et sa démarche si simples et si aisées, qu'on aurait dit qu'elle avait toujours vécu sous ce costume. Son calme contrastait singulièrement avec notre émotion.

Nous passâmes avec elle la plus grande partie de cette journée, et nous nous retirâmes profondément impressionnés de la douce et aimable vertu de notre sœur.

Presqu'au même moment, un autre sacrifice était demandé à mes parents. Après avoir passé avec eux la fête de Notre-Dame de la Salette, je partais le 20 septembre pour Lons-le-Saunier et je me rendais au noviciat de la Compagnie de Jésus, à laquelle Notre-Seigneur daignait m'appeler dans sa miséricorde infinie.

Ludovie fut encore la force de la famille dans cette circonstance.

« J'ai sous les yeux, écrit-elle à ma mère le 25 septembre, votre bonne lettre et avec elle tout Mont-Ravel; sa belle fête de Notre-Dame de la Salette ; puis le départ de notre cher René...

« Le cercle de vos huit enfants se resserre, bonne mère... mais lorsque c'est Dieu lui-même qui prend, il comble si doucement le vide !...

« Pendant que vous m'écriviez vendredi, je faisais toutes ces réflexions devant Notre-Seigneur, que j'ai reçu pour vous et pour papa. Qu'il vous donne ses bénédictions à la place de vos deux enfants !.. Non, ne les pleurez pas, bonne mère : ils ont la meilleure part. »

Voilà les fortes consolations que Ludovie savait donner. Elle connaissait trop bien le cœur de ma mère, pour lui en proposer d'un ordre inférieur.

Je commençais donc mon noviciat avec ma sœur. Ce fut un lien de plus qui resserra notre affection. Je regrette de n'avoir pas conservé les pieuses lettres que je reçus d'elle à cette époque; elles eussent été un témoignage de plus de sa haute vertu.

A partir de ce moment, je ne devais plus la revoir qu'une fois, jusqu'au jour où, cinq ans plus tard, la Providence nous réunissait l'un et l'autre à Lyon, sans doute pour me procurer à moi le salutaire spectacle de sa sainte mort.

VII

LE NOVICIAT

Ferveur et régularité de Ludovie. — Ses rapports avec la famille. — Georges à Rome. — Mort de M. Condamin. — Premiers vœux.

Bien que n'ayant pas encore prononcé de vœux, Ludovie, sous son nouvel habit, se considérait déjà comme une véritable religieuse, et, par sa modestie, sa régularité, passait pour telle, aux yeux même les plus exercés. Voici le témoignage que nous donne de sa vertu sa Maîtresse des novices, qui, mieux que tout autre, put la connaître et l'apprécier :

« Ludovie, dès qu'elle eut fait son entrée au noviciat, sembla avoir atteint le but de sa vie et respirer plus librement dans cet élément, qui satisfaisait si pleinement ses désirs. On la vit dès lors constamment calme, heureuse et répandant autour d'elle la paix joyeuse qui remplissait son cœur.

« Pour ses Sœurs, elle était un type de douceur et de modestie religieuse ; tandis que, sévère pour elle-même, elle se faisait remarquer par cette fidélité dans les petites choses, qui attire les regards de complaisance du divin Maître.

« Dès les premiers mois de son noviciat, nous pouvions voir que cette âme se sanctifierait vite ; et ce fut sans doute ce travail généreux et continuel qui la fit parvenir, de bonne heure, au dégagement d'elle-même et à l'abandon à la volonté de Dieu, que nous devions reconnaître et admirer sur son lit de mort. »

A ce témoignage ajoutons celui d'une de ses Sœurs :

« Dès les premiers jours de son entrée au noviciat, ma chère Sœur Ludovie nous frappa toutes par cet air de gravité religieuse, qu'elle faisait paraître en toute circonstance et qui n'ôtait cependant rien à son aimable affabilité. Toujours d'une égalité parfaite, je ne l'ai jamais vue se démentir un seul instant de cette douce sérénité, si peu ordinaire aux âmes religieuses qui commencent.

Douce envers toutes et s'ignorant elle-même, elle rappelait au noviciat l'aimable et doux Stanislas.

« Prompte à s'effacer en tout, on ne la voyait paraître que lorsqu'il s'agissait de se dévouer ou d'obliger une de nos Sœurs. Peut-être un peu timide, du moins le paraissait-elle parfois, elle savait toujours se vaincre sur ce point, quand le bien général ou la charité y étaient intéressés. On la voyait s'arranger de tout ce qui aurait pu déranger ses Sœurs, et cela avec l'adresse d'une âme habituée à s'oublier pour les autres. Ma chère Sœur Ludovie a laissé un de ces souvenirs qui ne s'effacent point des cœurs. »

Nous pourrions multiplier ces témoignages. Toutes celles de ses Sœurs qui l'ont connue au noviciat, aiment à se rappeler sa parfaite égalité d'âme, sa douce sérénité, son aimable simplicité. « Jamais on ne surprit en elle, disent-elles, un premier mouvement de nature; tant la grâce semblait avoir acquis d'empire sur toute sa personne. »

On ne pouvait l'approcher sans ressentir les douces influences de sa ferveur ; aussi les postulantes et les novices se regardaient-elles comme favorisées, lorsqu'elles lui étaient associées pour les promenades à l'heure des récréations. « *Oh !*

mes Sœurs, que nous sommes heureuses ! » s'écriait souvent Ludovie, durant ces entretiens familiers ; et cette parole, dite avec conviction, laissait aisément deviner quel prix elle attachait à la grâce de la vocation religieuse.

En 1868, à la première page d'un recueil spirituel, elle avait écrit :

« Seigneur JÉSUS, je vous donne mon cœur. Faites de moi tout ce qu'il vous plaira ; mais, je vous en conjure, que je devienne religieuse en esprit et en vérité. »

Voilà donc quel était son but : *être religieuse en esprit et en vérité.*

Elle y tendit de toute la force de sa volonté, dès le temps de son noviciat ; et Dieu bénit ses efforts. Ce ne sont point des actes extraordinaires de vertu qui nous le prouvent ; c'est sa vie constamment humble et régulière ; c'est la dilatation habituelle de son âme au service de Dieu.

On ne pouvait se trouver en contact avec elle, sans se sentir entraîné à l'odeur de ses vertus.

« Eh bien, vous avez vu Ludovie ? disait un jour M. Condamin à ma mère, revenant de Lyon ; elle est toujours *rayonnante ?* »

Aucun mot ne peint mieux que celui-là l'expression de sainte allégresse qu'on remarquait sur le visage de Ludovie paraissant au parloir. C'était vraiment sur son front le *rayonnement* d'une âme qu'illuminent les clartés du ciel.

« Cette seule entrée nous saisissait, dit Amélie. Dans nos cœurs, c'était un mélange singulier d'amour et de vénération ; nos yeux parlaient plus que nos lèvres, et souvent ils se mouillaient de larmes aussi douces que la joie. On ne saurait décrire ce qu'il y avait de cordial empressement et de religieuse retenue dans ces fortifiants entretiens de ma sœur. »

Je dois dire cependant que Ludovie souffrait quand on venait la voir en un temps où les religieuses n'avaient pas coutume de se rendre au parloir, tel, par exemple, que celui de l'Avent ou du Carême. Alors, sans faire paraître le moindre signe de tristesse, elle se contentait de dire, en souriant et en grondant du doigt, comme on fait aux enfants : « *Pourquoi me faites-vous faire des infractions à la règle?* » Que de fois mon père, à qui ses occupations ne permettaient pas de choisir ses moments, entendit ce doux reproche! Aussi le terme d'*infraction à la règle* avait-il passé en proverbe auprès de lui; et ses visites à Ludovie commençaient souvent par cette interrogation : « *Eh bien, chère fille, est-ce que je te fais faire une infraction à la règle, aujourd'hui?* »

Ludovie se rappelait encore ce mot sur son lit de mort, et elle avait à ce moment assez de joie au cœur pour dire en souriant à mon père : « *Eh bien, cher père, savez-vous pourquoi je suis tombée malade maintenant? C'est afin que vous veniez me voir avant le Carême.* »

Dans sa correspondance, Ludovie se montrait aussi zélée et aussi affectueuse.

« Je voudrais aujourd'hui, écrit-elle à son père et à sa mère le 31 décembre 1867, vous envoyer mon cœur tout entier dans cette lettre ; mon cœur filial et reconnaissant, avec ses vœux et ses souhaits. Peut-être y liriez-vous, mieux que je ne sais vous l'exprimer, ma tendresse toujours plus vive et plus profonde pour vous.

« J'aurais beau vous le répéter mille fois, ce mot de *reconnaissance*, que je croirais encore ne vous avoir rien dit, tant il est devenu un *besoin incessant* pour mon cœur. Toute mon affection, toutes mes prières pour vous se résument dans ce sentiment ; et pour l'année qui finit, comme pour celle qui commence, je ne sais dire qu'une chose : « *Mon* « *Dieu, bénissez, remerciez mes chers parents !* »

« Je demande alors sans fin les grâces les plus abondantes qu'a jamais pu désirer le cœur le plus filial. N'en ai-je pas, plus que tout autre, le droit? Celui à qui vous m'avez donnée m'a promis de me faire riche de tous les trésors de son Cœur. Il aime par-dessus tout à donner ; et moi je ne veux jamais me lasser de demander pour vous.

« Je sais qu'aujourd'hui, encore plus que jamais, nous ne formons qu'un seul cœur par les mêmes désirs ; mais que j'aime ma dette de reconnaissance, qui m'impose une plus grande part de prières, de vœux et de tendresse filiale !

« Je m'unis de tout mon cœur à la joie de tous vos enfants, cher père et chère mère. Vos absents y sont bien présents par le cœur. Je pense que tous vous arrivent par lettre ce matin. Le bon Dieu, qui les a disséminés un peu partout cette année, les trouve toujours réunis quand il s'agit de vous... »

Un autre jour, Ludovie vient tranquilliser ma mère au sujet de sa santé, lui parler encore de sa reconnaissance et lui redire ses mercis.

« Je réponds de suite à votre lettre ; et, si c'était permis à une fille, j'aurais presque envie de vous gronder. Antoinette n'est pas gentille de vous donner des inquiétudes. Laissons de côté, je vous en prie, toutes sollicitudes sur ma santé : elles seraient tout à fait inutiles. Je n'éprouve aucune espèce de fatigue, et n'ai au cœur qu'une joie de plus en plus grande d'être au bon Dieu, avec le désir de me donner à lui tous les jours davantage. Parlons bien vite de vos fêtes.

« Comme vous, chère mère, elles me remplissent de reconnaissance et de consolation...

« Je vous vois toutes vous multiplier pour préparer maison et chapelle à la visite de Monseigneur. Amélie m'enverra bien le compte-rendu de la journée? dites-lui que j'y compte...

« Ma lettre vous arrivera au milieu de tous vos arrangements. Qu'elle vous donne au moins le temps de vous reposer, chère maman ; vous en aurez besoin, j'en suis bien sûre. Je vais entendre la Messe en union avec celle qui se dira dans la chapelle ; et je remercierai une fois de plus le Seigneur qui aime tant la famille. Quand je commence la liste de tous les *mercis* que je dois à Dieu, je vous assure qu'elle est longue. Je n'ai jamais vécu qu'en famille, passant de celle de Mont-Ravel à celle de la vie religieuse.

« Adieu, chère maman. C'est une lettre trop courte, me direz-vous. Mais ce n'est qu'en attendant mieux, pour unir ma joie à la vôtre et calmer vos sollicitudes maternelles, que je ne veux plus voir (à mon sujet, c'est bien entendu)... »

Jamais son affection pour nous ne lui fit manquer à sa règle ; pendant l'Avent et le Carême les religieuses du Sacré-Cœur n'écrivent pas plus à leurs parents qu'elles ne reçoivent leurs visites. Ma sœur sentait quel sacrifice sa règle imposait à ma mère, et elle s'efforçait de l'adoucir avec sa grâce ordinaire.

« Il faut que je prenne mes avances aujourd'hui avec vous, écrivait-elle vers le milieu de novembre, puisque nous approchons de l'Avent et que je ne vous écrirai plus jusqu'à Noël...

« Oh ! chère mère, ne regrettez rien, je vous en prie ! Je sais bien qu'une mère ne peut moins faire que de sentir quelquefois l'absence de ses enfants ; mais quel que soit le bonheur que vous m'auriez donné, fût-il le plus complet qu'on puisse trouver sur la terre dans une famille chrétienne, aurait-il été aussi pur et aussi vrai que celui que je goûte, puisque, en tournant toutes mes vues et mes affections vers Dieu, il me laissera toujours pour vous et ma famille une part de tendresse que ni le temps ni la distance ne pourront m'enlever !

« Etes-vous encore à Mont-Ravel ? et avez-vous pu y célébrer la Dédicace dans votre riche cathédrale ? J'y ai beaucoup pensé hier. Ce sera peut-être pour vous la clôture des Messes. Vous souvenez-vous, bonne mère, que cette pensée nous serrait le cœur, quand il fallait partir. Dieu est cependant partout ; mais là, me direz-vous, plus tendre encore que partout ailleurs : il est à vous ! . . . . »

Avec Antoinette elle continue à se montrer sœur vraiment affectionnée.

« Es-tu encore dans la solitude ? lui écrit-elle au mois d'avril, tu ne l'aimais guère autrefois; c'est pour cela que je viens te tenir compagnie, bien que je sache qu'avec Emmanuel, le temps n'est jamais long pour toi. Mais peut-être que ce cher petit neveu dort tout doucement, pendant que Maurice t'enchante de ses inspirations musicales, et, dans ce cas, je puis bien me glisser près de toi, sans t'empêcher de l'entendre.

« C'est bien souvent que je me représente ce petit tableau de famille, et que je remercie Dieu de nous l'avoir fait à la fois si grand et si étroit ; je veux dire, étroit par les liens de l'intimité et de l'affection.

« Vous allez reprendre le chemin de Mont-Ravel ; il doit être si beau, que je souhaite vous y savoir bientôt. Ne trouves-tu pas, chère Antoinette, que ce temps de Pâques a toujours quelque chose qui renouvelle ? Il me paraissait comme cela autrefois ; et, au Sacré-Cœur, où chaque fête est si bien célébrée dans son caractère particulier, ce changement est encore plus frappant pour moi.

« Quand le bon Dieu aura repris possession de son petit sanctuaire de Mont-Ravel, ne m'oublie pas, chère sœur, dans la cour assidue que tu lui feras. Dis-lui surtout *merci*. C'est le grand besoin de mon cœur. Que je sois bien toute à Lui, ici dans son Cœur, comme nous le serons tous, n'est-ce pas, chacun où il nous placera ? Oui, aimons-le bien toute notre vie : Il nous a tant aimés ! »

Un an plus tard, au mois de mars, elle lui écrit encore, après la naissance de son second fils :

« Je ne t'ai pas écrit depuis longtemps ; tu sais cependant si j'ai pensé à toi, à ta joie d'être deux fois mère ! Que ces deux petits frères s'aiment entre eux plus tard, comme nous nous aimions, chère sœur, et comme nous nous aimerons toujours ! Je suis sûre que plus d'une fois déjà tu as fait cette prière ?

« Notre-Seigneur nous confie de petites âmes à chacune ; il nous en demandera compte. Leur apprendre à être chrétiennes, c'est notre mission à toutes deux. Seulement, pour accomplir la mienne, Dieu voulait que je fusse à Lui seul. Je suis heureuse de la part qu'il m'a faite, et je sais que la tienne te donne aussi le bonheur. Nous n'avons donc qu'à bénir Dieu de tout ce qu'il a fait pour nous. . . . . »

Chacun de mes frères et sœurs avait sa part de ce trésor inépuisable d'amour et de charité. Mais le temps manquait souvent à Ludovie pour écrire. Au moins, elle ne le faisait jamais sans charger celui à qui s'adressaient ses missives, de toutes ses commissions pour ses frères et sœurs : comme de demander des nouvelles de l'un ; d'annoncer à l'autre une lettre prochaine ; de dire à un troisième les choses les plus aimables, qui parfois se trouvaient toutes exprimées dans le mot même dont elle se servait pour le dire.

Tous les événements qui de près ou de loin touchaient à la famille l'intéressaient.

Après la bataille de Mentana, Georges avait pris un engagement de six mois dans l'armée pontificale.

Ludovie regarda cette démarche de son frère comme le premier pas qui devait le conduire à la vocation ecclésiastique, qu'elle désirait depuis si longtemps lui voir embrasser.

Parti en décembre 1867, Georges resta à Rome jusqu'au mois de juin. Mon père voulut passer avec lui les fêtes de Pâques dans la Ville éternelle. Le samedi saint, Ludovie, pleine d'espoir dans le succès si désiré de ce voyage, écrivait à ma mère :

« Réjouissons-nous ensemble dès aujourd'hui. C'est bien le jour de chanter l'*Alleluia.* Je l'ai dit de tout mon cœur ce matin en pensant à vous, bonne mère ; et de vous, qui en êtes le principal objet, j'ai répandu ma joie de Paris jusqu'à Rome, je puis le dire vraiment. Vous avez tous passé votre semaine sainte à Rome, je suis sûre ? Je m'y suis tranportée bien souvent aussi, avec le cœur plein de confiance. Pourquoi ne pas tout confier au Sacré Cœur de JÉSUS ? Croyez-moi, bonne mère, il fera tout pour nous. Depuis que je suis ici, j'entends toujours dire que « *c'est prendre Notre-Seigneur par son faible, que d'aller à Lui par la confiance.* » Et je trouve cela si bon, que je tiens à vous le dire.

« Soyons donc tous bien joyeux au service du Seigneur. J'espère que tout le monde l'est autour de vous. Papa, à son tour, le sera aussi. Combien je prie pour lui ! Il sait bien, ce cher père, que les enfants qu'il donne à Dieu ne sont point perdus : ils aiment doublement, au contraire. La grâce de la résignation n'est-elle pas toujours proportionnée au sacrifice ?

« Vous souvenez-vous d'un Père jésuite qui, venant célébrer la Messe dans la chapelle, vous dit après, que, pendant son action de grâces, il s'était demandé si, parmi vos quatre fils, il n'y en aurait pas un qui dirait un jour la Messe dans cette chapelle. Et vous lui répondîtes que cette pensée de nos vocations était votre grand souci ; mais, ne sera-t-elle pas aussi votre grande joie, lorsque, dans quelques années, chacun aura pris sa place clairement reconnue ?

« Comme vous vous reposerez alors avec bonheur, chère mère!... Je pense quelquefois à la belle couronne que le bon Dieu vous réserve là-haut, quand vous lui présenterez ces huit cœurs que vous aurez formés pour Lui... »

Georges rapporta de Rome, en effet, la certitude que Dieu le voulait prêtre ; et, au mois d'octobre suivant, il entrait au séminaire d'Issy à Paris. Nous verrons, plus tard, avec quel intérêt Ludovie suivit chacun de ses pas dans la hiérarchie ecclésiastique.

Presqu'en même temps qu'elle recevait l'heureuse nouvelle de la décision de Georges, Ludovie apprenait la mort de M. Condamin.

Malgré sa faible santé et ses occupations ordinaires, qu'il essayait de reprendre à Saint-

Etienne, M. Condamin avait continué d'entretetenir quelques relations avec Ludovie.

« J'ai reçu, écrit-elle à ma mère, une longue lettre de M. Condamin. Je vous prie, bonne mère, de le remercier, comme je voudrais le faire. Je suis de plus en plus pénétrée de l'intérêt qu'il nous porte à tous; et les vertus de ce saint prêtre m'apparaissent toujours comme une source de bénédiction.

« Il me dit qu'il est dans une parfaite voie de guérison ; que le bon Dieu lui a accordé la grâce d'une sainte indifférence pour tout ce qu'il voudra de lui ; et que, sans doute, il ne veut pas le retirer encore de ce monde, puisqu'il sent tous les jours ses forces s'augmenter. Que je voudrais, pour le bien de tant d'âmes, les voir reprendre leur première vigueur ! Les saints de la terre font penser à ceux du ciel et aident à les imiter..... »

Ces lignes étaient écrites en 1868. M. Condamin en effet se trouvait mieux à ce moment. Mais ce mieux, après une maladie qui depuis trois ans avait si fortement ébranlé sa santé, ne pouvait pas donner de grandes espérances. Il retomba soudain, l'année suivante ; et après quelques jours de grandes souffrances, il rendit son âme à Dieu, le 17 juillet 1869.

Ludovie, qui comprenaitt, la profonde douleur que cette mort apportait à ma mère, se hâta d'unir ses regrets aux siens.

« Mon cœur, lui écrivait-elle, éprouve, comme le vôtre, le besoin de pleurer le saint prêtre que Dieu nous avait envoyé pour apprendre à connaître et à suivre sa sainte volonté. Votre lettre m'a terrifiée... Je ne m'attendais pas à une fin si prompte, quoique prochaine... Saviez-vous qu'il était malade, avant que le sacrifice vous eût atteint? Il faut toujours s'y tenir prêt : tant que nous serons sur la terre, nous ne comprendrons rien aux desseins de Dieu...

« Mais c'est un saint, chère mère ; et un saint qui avait adopté notre famille comme la sienne, qui regarde et bénit du haut du ciel les âmes qu'il voulait rendre saintes sur la terre. Chère mère, donnons-lui la consolation de voir éclore ce qu'il a semé par une entière et parfaite soumission à la volonté de Dieu. Il l'aimait et la pratiquait si bien !... Je m'imagine que s'il avait pu vous laisser quelque chose, en quittant la terre, il ne vous aurait donné que cela à accomplir toujours.

« Oh ! je sais que cette perte est immense pour vous ; et c'est en me mettant à votre place, autant que cela m'est possible, que je supplie Notre-

Seigneur de vous rendre en quelque manière ce qu'il vous prend. Il est toujours père, et peut-être plus encore quand il frappe. Là aussi est la grâce et la bénédiction.

« Je pense que nous avons tant et tant reçu, chère mère, que Dieu veut à présent nous donner la joie, un peu amère quelquefois, de faire selon nos forces ce qu'il a fait pour nous. *Quand le cœur souffre avec résignation, il donne à Dieu tout ce qu'il peut donner.*

« Chère mère, ne seriez-vous pas en droit de me dire que, pour moi, dont l'avenir ne peut avoir d'inquiétude, cette résignation est bien plus facile? Je ne veux pas me donner un mérite que je n'ai pas; et, si je la considérais pour moi cette perte, je serais bien égoïste. Dieu sait que je vénérais ce saint guide; mais depuis qu'il m'avait dit: « *Dieu vous veut au Sacré-Cœur,* » ce n'était plus que pour vous et les miens que je désirais si vivement le rétablissement de sa santé. Au ciel, il prie, chère mère; n'en doutons pas, il sera, comme avant, l'interprète de Dieu pour la famille.

« Il faut se confier en souffrant, bonne mère; la confiance donne des forces. Je souffre beaucoup pour vous; mais je ne peux rien craindre, quand je vois auprès de Dieu celui qui vous faisait tant de bien ; n'est-il pas plus puissant que jamais ?

« Adieu, chère mère. Je vous embrasse de cœur. Dites à Antoinette et Amélie que je prie pour elles ; et regardons dans la foi tout ce qui nous arrive. »

Ludovie et ma mère ne furent pas les seules à regretter M. Condamin : tout Saint-Etienne le pleura. Le concours fut immense auprès de sa dépouille mortelle ; on lui rendit les honneurs qu'elle méritait ; et le tombeau du serviteur de Dieu restera longtemps encore en vénération.

Cependant, Ludovie approchait de la fin de son noviciat. Il devait se terminer le 21 septembre, fête de saint Mathieu, par l'émission des premiers vœux de religion. Je dus adresser à ma sœur l'allocution d'usage, en cette cérémonie, moi qui, deux jours auparavant, venais aussi de me lier à Dieu par les mêmes liens.

Ce ne fut pas sans une profonde émotion que je m'avançai vers cet auditoire, composé de mon père, de ma mère, de mes frères et sœurs et de quelques parents, pour leur dire la grandeur et la joie du sacrifice que Dieu nous accordait la grâce de lui offrir.

Mais un moment plus solennel fut celui qui précéda la communion, lorsque le prêtre, que Georges et moi nous accompagnions, en surplis, s'avança vers la Sainte Table, où Ludovie se tenait à genoux, et lui adressa les questions suivantes :

« — Ma fille, que demandez-vous ? Déclarez hautement vos intentions devant cette assemblée.

« — Je demande, pour l'amour du Sacré Cœur de Jésus et celui de sa très-sainte Mère, d'être admise dans la Société du Sacré-Cœur, pour m'y exercer au service de Dieu, par PAUVRETÉ, CHASTETÉ et OBÉISSANCE, selon l'esprit et les règles de la Société.

« — Est-ce librement et de bon cœur que vous avez renoncé au monde et aux prétentions du siècle ?

« — Oui, mon Père.

« — Est-ce de tout votre cœur, que vous prenez Jésus-Christ pour Epoux ?

« — Oui, mon Père, c'est de tout mon cœur. »

Le prêtre lui présenta alors le crucifix et lui dit : « Recevez donc, ma fille, cette croix sur laquelle est attaché Celui qui doit être désormais votre modèle et l'unique objet de votre amour. »

Puis, au moment même de la communion, en présence de la sainte Hostie et un cierge à la main, Ludovie prononça la formule ordinaire des vœux.

Le sacrifice était accompli.

Après la cérémonie, ma sœur se présenta au parloir, au milieu de toute la famille, qui l'attendait. Quand elle y parut, nos bras s'ouvrirent avec nos cœurs, mais un religieux respect retint leur élan. Ludovie cependant, calme et souriante, s'offrit à nos baisers. Le voile noir recouvrait son front ; son visage rayonnant, humide encore des larmes de bonheur qu'elle avait répandues, portait le reflet de la joie céleste dont son âme était inondée.

VIII

PENDANT LA GUERRE

Ludovic est chargée d'une classe. — Le 4 septembre.— Ludovic à Mont-Ravel. — Retour à la Ferrandière. — Départ pour Avignon.

Après avoir prononcé ses premiers vœux, Ludovie, sans quitter la Ferrandière, fut chargée pour l'année suivante de la classe des plus jeunes élèves.

Par attrait, nous l'avons vu, elle aimait beaucoup les enfants. Son cœur se sentait naturellement incliné vers le leur ; sans doute parce qu'ils avaient entre eux plus d'un point de ressemblance. Mais elle ne s'arrêta pas à cette seule jouissance, qu'elle eût regardée comme une imperfection dans une âme religieuse. Elevant plus haut l'œil de sa foi, elle estima son emploi, comme si Dieu même le lui avait confié, et ne négligea rien pour le remplir avec toute la perfection dont elle était capable. Aussi que d'industrie elle employa pour faire à ces enfants tout le bien dont elle se sentait redevable envers Dieu !

Dans les commencements, sa trop grande bonté faisait échouer la plupart des moyens que lui inspirait son dévouement. Mais, lorsqu'après ces premiers essais, elle eut compris, que pour maintenir dans l'ordre des enfants très-jeunes, il est nécessaire de joindre à une grande douceur beaucoup de fermeté, ses efforts furent couronnés d'un plein succès. Elle vint à bout des caractères les plus difficiles et elle obtint, avec le respect et l'estime de ses élèves, cet ascendant que sa vertu devait naturellement lui donner sur elles.

Vis-à-vis des Supérieures, auxquelles elle avait à demander conseil, elle était d'une simplicité d'enfant, rendant compte de tout et se laissant diriger, en tout, avec une soumission scrupuleuse.

Dans l'intérieur de la communauté, régulière comme au temps de son noviciat, jamais on ne la vit manquer à la règle ; elle en chérissait de plus en plus la pratique et ne songeait qu'à s'attacher plus fortement encore à une vocation qui répondait si bien aux attraits de son zèle.

Un an se passa ainsi dans l'exercice de ces saintes fonctions. On arriva au mois d'août 1870; Ludovie restait toujours calme et joyeuse au service de Dieu, malgré le triste bruit d'armes qui commençait alors à se faire entendre.

« Ta bonne lettre que j'ai reçue hier, écrit-elle à Antoinette aux premiers jours de ses vacances, respire tant de joie et de paix, que j'ai éprouvé en la lisant le besoin de remercier Dieu, pour toi et avec toi, de la protection qu'il nous accorde dans son infinie bonté. Ne doute jamais que la croix qui te frapperait, en serait une aussi pour moi; aussi, par le même sentiment, ton bonheur actuel double le mien. . . . .

« Ici nous sommes, comme vous l'êtes à Mont-Ravel, dans la plus calme solitude; et nous prions beaucoup pour tant d'âmes qui paraissent devant Dieu. Je multiplie mes pèlerinages à saint Joseph et à *Mater admirabilis* à vos intentions. Tu penses bien que je n'avais pas attendu ta demande pour prier pour toi particulièrement. Mais je le ferai encore plus spécialement, puisque tu dois tant de reconnaissance à Notre-Seigneur.

« Je t'avoue cependant très-humblement que

ma dévotion à saint Joseph se refroidit. Puisque c'est toi qui me l'avais donnée, il faut que tu me convertisses. C'est vraiment bien mal de perdre ce que tu as eu tant de peine à m'inculquer; mais je ne peux pas croire que saint Joseph m'en veuille. Je vais là où me porte mon cœur ; et quand j'ai le Saint-Sacrement et que je pense que le même Cœur si aimant, qui m'a enchaînée à lui, est *là*, qui m'écoute et me regarde, je ne peux plus m'arracher de la petite porte du divin Prisonnier; et je crois que saint Joseph est content quand même. . . . . »

Cependant la triste guerre ouverte avec la Prusse, ne laissait pas en repos, dans bien des endroits, même les communautés religieuses. Ce fut bien pis après la proclamation de la République ! On crut alors qu'avant d'aller à l'ennemi, il fallait s'assurer des maisons religieuses et s'emparer des armes que recélaient les cloîtres !

On vint donc à la Ferrandière comme ailleurs. Ce fut d'abord le 7 septembre, vers une heure de l'après-midi. Plusieurs *gardes nationaux* se précipitèrent à la fois à l'entrée de la propriété, et. après avoir enfoncé une des portes du jardin, pénétrèrent inopinément dans une des salles du rez-de-chaussée.

« Nous sommes de braves gens, dirent-ils aux religieuses, un peu surprises de cette visite inattendue, nous ne voulons pas vous faire de mal ; nous venons voir seulement si vous n'avez point d'armes. »

Et il fallut, pendant deux heures les accompagner dans les différents coins du jardin. Enfin, ne trouvant pas ce qu'ils cherchaient, ils consentirent à se retirer, promettant toutefois de revenir.

En effet, le lendemain vers le soir, une nouvelle cohorte nationale, la baïonnette au bras, se présentait en bon ordre à la Ferrandière. La Supérieure, immédiatement avertie, se présente à eux et leur demande ce qu'ils veulent. « Nous venons, dirent-ils, pour vous protéger, vous défendre, et nous désirons simplement nous assurer s'il n'y a point d'armes dans votre maison. »

Pour cela, ils exigèrent qu'on leur ouvrît toutes les portes. Introduits d'abord dans l'église où la communauté se trouvait alors réunie, ils montèrent à la tribune : là, l'orgue surtout excita leurs soupçons ; devant ces tuyaux, ils parurent fort intrigués, frappèrent, examinèrent longuement. Puis, ils redescendirent et traversèrent l'église, au milieu des religieuses à genoux. Quelle impression produisit sur ces hommes l'attitude de ces femmes, vêtues de voiles blancs ou noirs, et qui ne se dérangeaient nullement de leur prière à leur passage, je ne sais ; mais, arrivés en haut de l'église, ils s'échappèrent par la première porte qui s'offrit, sans songer à pénétrer dans le sanctuaire ni dans la sacristie, où se trouvaient tous les vases sacrés. Les religieuses en remercièrent Dieu, et non sans raison.

Nos hommes cependant continuèrent leurs recherches au travers de la maison jusqu'à onze heures du soir. Alors, la fatigue les prenant, ils déclarèrent, par écrit, *n'avoir rien trouvé dans le Couvent de contraire aux lois.*

Dans l'intervalle de ces deux visites, plusieurs religieuses, sur l'ordre de la Supérieure, avaient quitté la Ferrandière; les unes avaient été envoyées dans d'autres maisons du Sacré-Cœur, les autres rendues à leurs familles : ma sœur fut de ce nombre.

Dans l'après-midi du 8, mon père, ignorant ce qui s'était passé la veille et venu simplement pour voir sa fille, apprit avec étonnement à la porterie qu'on allait immédiatement la remettre entre ses mains.

Dans ces temps de troubles, la prudence exigeait qu'on échangeât momentanément l'habit religieux contre les vêtements séculiers. Mais le nombre de départs qui avaient eu lieu à la Ferrandière, depuis le matin, avait épuisé les ressources en ce genre ; et, lorsque vint le tour de Ludovic, elle ne trouva pour se déguiser qu'une robe d'élève, oubliée au départ des vacances.

Ce fut sous ce costume improvisé qu'en voiture découverte, à côté de mon père, elle traversa Villeurbanne et une partie de Lyon, n'ayant pas même un châle pour couvrir ses épaules. En se rendant à la gare de Perrache, mon père descendit chez une de nos tantes, pour recueillir ce vêtement indispensable, qui compléta tant bien que mal la triste toilette de sa fille.

Je n'essaierai pas de dire quelles émotions remplirent l'âme de Ludovie, pendant le trajet de Lyon à Mont-Ravel.... « Vers 7 heures du soir elle nous arrivait, dit Amélie, précédée d'une dépêche, qui, depuis quelques minutes seulement, nous avait annoncé son douloureux retour. »

Ludovie était sous le poids de la croix ; elle ne le cachait pas. Elle avait été arrachée si inopinément à ces douces et paisibles joies de la vie de communauté, qu'elle aimait tant !

La pensée qu'un grand nombre de ses sœurs en religion partageaient avec elle les douleurs de la séparation, n'apportait à son cœur qu'une consolation pleine d'amertume. Elle souffrait de toutes leurs tribulations, et mille fois plus encore de l'outrage qui, dans leurs personnes, était fait à Notre Seigneur lui-même. Elle le voyait chassé et banni dans ses Epouses.

A peine arrivée à Mont-Ravel, elle voulut que ma mère lui fit faire une robe et une coiffure noires. « *Je veux*, disait-elle, en exprimant ce désir indice de la tristesse de son âme, *je veux porter le deuil de mon Epoux persécuté.* »

« Et la vie qu'elle mena parmi nous, dit Amélie, fut conforme à cette douloureuse pensée, qui la dominait. Mont-Ravel, avec son joyeux passé, avec ses souvenirs, jusque-là si vivants dans son cœur, n'était plus Mont-Ravel. Et notre cercle de famille, bien qu'aussi paisible et aussi religieux qu'elle l'avait connu naguère, ne rendait pas à son âme la joie et le bonheur, qu'il lui avait si longtemps donnés.

« Les mille prévenances dont nous l'entourions sans cesse, ne faisaient qu'augmenter ses douleurs, par la pensée qu'elle ne rencontrait dans ce monde que bons soins et sincère affection, tandis que son JÉSUS n'y trouvait guère, en ce moment, que des persécutions et des haines.

« Elle se levait de grand matin, pour faire sa méditation et sa prière. Elle assistait ensuite au saint sacrifice de la Messe, que célébrait chaque jour dans notre chapelle un Père de la Compagnie de Jésus, séparé comme elle de sa communauté, et reçu avec bonheur par ma mère dans notre solitude de Mont-Ravel. »

Cette facilité de pouvoir entendre la sainte Messe tous les jours fut pour Ludovie une immense consolation. Elle prolongeait ses actions de grâces, et ses meilleurs moments étaient bien ceux qu'elle passait ainsi aux pieds de Notre-Seigneur, dans ce sanctuaire qu'elle avait tant aimé.

Mais cette suprême consolation ne lui suffit bientôt plus : elle attendait avec impatience le moment où l'obéissance la rappellerait dans sa chère communauté de Lyon.

Enfin, au bout de six jours, l'ordre attendu arriva ; et, accompagnée de ma mère, Ludovie se rendit au Sacré-Cœur de la rue Boissac.

Dès le lendemain, elle se hâta de donner de ses nouvelles à ma mère, qui était rentrée le soir même à Saint-Etienne.

« Etes-vous remise des inquiétudes que vous a causées mon départ ? Oui, j'en suis sûre : car c'est Dieu qui le voulait. J'en ai la confirmation par le calme que nous possédons à la rue Boissac. Lyon est encore agité dans certains quartiers. Quelques amis dévoués viennent nous apporter des nouvelles des tristes bruits que nous n'entendons que de très-loin.

« Cette maison paraît être, comme celle de Mont-Ravel, la privilégiée de la sainte Vierge, qui y est honorée d'une manière toute particulière sous les titres de *Mater admirabilis* et de Notre-Dame de la Salette. Aussi nous sommes dans une parfaite confiance; et vous ne m'en voudrez pas, si je vous dis que je suis heureuse d'être rentrée dans mon bercail.

« Je suis cependant pressée de témoigner à tous mes frères et mes sœurs ma reconnaissance, pour leur délicatesse envers moi. Veuillez aussi présenter mes respects et mes remerciements à votre vénérable aumônier.

« Adieu, bien chère mère; j'ai hâte de faire partir cette lettre. Hier j'ai été appelée deux fois au salon; c'est ce qui m'a empêchée de vous écrire, et il me semble sentir votre attente. Soyez parfaitement rassurée sur mon compte; je n'ai peur de rien. Je suis, comme vous, tellement confiante dans le secours de la sainte Vierge, que je verrais, je crois, la maison envahie, sans trembler.

« Prions beaucoup toujours. Dieu est avec nous; mais tant d'âmes ne veulent pas encore reconnaître sa justice !

« Un souvenir tout particulier à mes chères sœurs.

« Adieu dans le cœur de Jésus ! »

Si quelqu'un avait été étonné du serrement de cœur que Ludovie éprouva, durant son séjour au milieu des siens et de son empressement à retourner dans ce qu'elle appelait avec raison son *bercail*, il me semble que cette lettre doit l'éclairer sur les véritables sentiments qui l'animaient.

On ignore trop souvent que, si les âmes consacrées à Dieu aiment à se tenir à l'écart du monde et même de leur famille, ce n'est pas qu'elles aient pour celle-ci moins d'amour que par le passé, mais c'est que Dieu, selon sa promesse, a tellement rempli leur cœur qu'elles souffrent, ce me semble, lorsqu'elles sont enlevées à son unique service, quelque chose de ce que souffrirait un esprit bienheureux, s'il était ravi tout à coup à la présence de Dieu, et condamné à ne jouir pendant quelque temps que de la société des Anges et des Saints.

Quelques jours après, Ludovie écrivait encore à ma mère ;

« Je viens de relire votre lettre qui, je présume, s'est croisée avec la mienne. J'ai été touchée de l'empressement du vénérable chanoine Tirotti à me répondre. Son humilité dévoile toujours sa grande âme et son sincère attachement pour la famille. Je bénissais Dieu de laisser encore, au milieu de ce triste monde, des saints qui réparent pour les méchants ; mais quand j'ai tourné et lu la quatrième page, remplie par vous, je l'ai remercié encore plus de m'avoir donné une si bonne mère. Oui, Notre-Seigneur veut que dans son Cœur vous soyez doublement ma mère, car il me veut toujours pour vous un cœur filial et reconnaissant.

« Courage dans notre confiant abandon. Nous savons tout ce qui se passe à Lyon, où les choses sont loin d'aller mieux, et nous attendons sans crainte que Dieu fasse de nous ce qu'il lui plaira. On nous laisse très-tranquilles pour le moment ; notre quartier est un des meilleurs.

« Si je vous ai déjà dit bien souvent que je suis heureuse, ne vous lassez pas, chère mère, de me l'entendre répéter encore. Il me semble que ma joie d'être à Dieu a triplé depuis toutes nos secousses. Je n'ai qu'une peine : c'est de voir tant d'âmes courir à leur perte, parce qu'elles ne connaissent pas Dieu et que personne ne leur a jamais appris à le connaître. Je prie pour elles, moi qui n'avais rien fait pour mériter les grâces dont elles sont privées...

« Vous ne vous êtes pas trompée en croyant que j'étais présente de cœur à cette Messe du 19. Je pensais à vous, d'autant plus que notre petite fête ici était charmante ; je vous ai déjà dit combien on aime Notre-Dame de la Salette. Je regrettais que vous ne fussiez pas là, pour voir le groupe au milieu de rochers simulés, d'où jaillissait une fontaine ; le tout était orné de verdure et de fleurs. On a chanté un cantique à Notre-Dame de la Salette ; c'était à se croire sur la montagne des Alpes. Pareille décoration serait facile à reproduire à Mont-Ravel, si vous n'aviez encore mieux dans la chapelle.

« J'envoie à Antoinette et à Amélie mes amitiés de sœur.

« Adieu, chère mère, et merci pour votre petit mot. Conservons ensemble notre confiance, et si elle ne nous est donnée que pour nous préparer à de nouvelles peines, que Dieu en soit béni ! il nous donnera la force... »

Après quelques semaines, passées au Sacré-Cœur de la rue Boissac, Ludovie devait retourner à la Ferrandière. Ce fut Antoinette, venue à Lyon pour la voir, qui eut le plaisir de l'y accompagner.

Les rues, à ce moment, étaient encore loin d'être tranquilles, et la course d'une demi-heure, qu'il fallait faire pour se rendre de la rue Boissac à la Ferrandière, devenait pour des dames, en pareilles circonstances, un périlleux voyage. Mes sœurs le firent cependant sans mécompte.

Voici comment, quelques jours après, Ludovie, toujours gaie au milieu des souffrances, quand elles l'atteignaient seule, faisait part à Antoinette de ses réflexions sur leur expédition commune :

« Les courses multipliées que tu as faites pour moi valent bien, il me semble, une lettre de remerciements. Elle est un peu tardive, je l'avoue ; mais tu croiras néanmoins à la sincérité des sentiments, je n'en ai aucun doute. Il paraît que nous étions encore destinées à faire ensemble des choses exceptionnelles.

« Ne penses-tu pas que notre dernier voyage sur le cours de Brosses pourrait être mis sur le même rang que la course matinale, que nous fîmes autrefois, par un temps à peu près semblable, pour aller entendre la Messe à 5 heures du matin ? Qu'est-ce que Maurice a pensé et dit de cette expédition ? Il aura vu que sa femme sait se tirer d'embarras. Et si le bon Dieu nous prépare encore de mauvais jours, nous pourrons nous aider mutuellement, chère sœur.

« Mais en attendant, remercions l'une et l'autre le Seigneur de ce qu'il nous donne, à chacune, la consolation de rester là où il nous a placées. Pour toi chère, Antoinette, j'espère que le voyage en Suisse restera à l'état de projet ; et pour celui que je ferais en cas d'invasion prussienne, il n'en est pas question jusqu'à présent, bien que l'intention de nous envoyer ailleurs se maintienne, si les choses en viennent là...... »

Comme on le voit par cette lettre, on avait parlé d'un changement de maison pour Ludovie.

Lyon était toujours exposé à l'envahissement des Prussiens, et ma mère eût été plus tranquille d'en sentir sa fille éloignée. Son désir était qu'elle pût être placée dans une maison du Sacré-Cœur du Midi. Elle le manifesta à la Supérieure de la Ferrandière qui, voulant bien condescendre à ce projet, lui offrit le choix entre différentes maisons.

Ludovie, pour qui certainement c'était un sacrifice de quitter la Ferrandière, ne vit dans son déplacement qu'une occasion de se soumettre à la volonté de Dieu. Mais, craignant un instant que ma mère ne songeât à demander qu'elle fût envoyée de préférence dans une maison plus rapprochée de la Suisse, où elle avait eu dans le principe l'idée de chercher un abri pour elle-même et pour Antoinette, Ludovie, qui ne voulait d'autre choix que celui qui serait fait par ses Supérieures, manifeste à ma mère, dans la lettre suivante, sa ferme volonté de conserver tout le mérite et toute la consolation de son obéissance religieuse :

« La Ferrandière, 9 novembre 1870.

« CHÈRE ET BONNE MÈRE,

« J'ai depuis hier soir votre bonne lettre. Mais permettez-moi de vous dire, à son sujet, que je ne voudrais pas entendre parler, par vous ni par papa, d'une autre maison que de celles dont on vous avait laissé le choix. La sécurité ne sera pour moi que là où l'obéissance me placera. Ainsi, chère mère, qu'il ne soit nullement question d'un lieu plus ou moins rapproché de la Suisse. Je ne puis pas vous dire quelles inquiétudes me donnerait cette pensée.

« Laissez-moi, je vous en conjure, la consolation de mon obéissance religieuse. La volonté de Dieu pour moi n'est pas autre chose que la volonté de mes Supérieures; et la résidence qui me sera choisie par elles, est la seule où Dieu me veuille et où je serai à l'abri, quels que soient les dangers que nous puissions craindre.

« Mais, n'est-il pas inutile de vous dire cela, chère mère? Si je réponds à ce dernier paragraphe de votre lettre, c'est que je voulais, avant tout, que mon départ ne fût qu'un acte de soumission à la volonté de Dieu.

« Adieu, bien chère mère. Que Dieu soit plus que jamais le centre de mon affection filiale. On ne peut regarder les choses qu'en lui ; nous sommes entre ses mains.

« Votre fille respectueuse,

« LUDOVIE

« R. S. C. J. »

On reconnaît à peine Ludovie à ce style, tant il est énergique. Cependant c'est bien elle, bonne et facile à l'égard de tous, inexorable pour elle seule. Quand il s'agissait du devoir, rien ne l'aurait fait plier ; et sa volonté, si souple en tout autre cas, devenait alors de fer.

Du reste, à Avignon, où l'obéissance l'envoyait, comme à la Ferrandière, elle ne fut pas moins bonne fille et bonne sœur, que bonne religieuse.

IX

EPREUVES ET CONSOLATIONS

Ludovie dans la communauté d'Avignon. — Elle est chargée d'une classe. — Captivité de Georges. — Première communion de Marie-Gaëtane.

Le pensionnat d'Avignon, qui recevait ainsi Ludovie au milieu de novembre, n'avait eu, cette année, comme la plupart des communautés religieuses, qu'une rentrée fort restreinte. Ce petit nombre d'élèves favorisait, en quelque sorte, les douces relations de la vie de communauté ; et, les occupations extérieures ne venant pas absorber tout le temps qui leur est ordinairement consacré, il était libre aux religieuses d'en donner un plus long à la prière.

Ludovie sut profiter de ce double avantage. Venue la dernière, elle avait, moins que d'autres, des occupations fixes, et pouvait plus facilement prolonger ses entretiens avec Dieu.

En communauté, elle s'attira bientôt l'affection de toutes ses Sœurs. Ses manières étaient si prévenantes et si modestes à la fois, qu'on devinait, à la voir, une religieuse déjà accomplie.

Le Père M***, de la Compagnie de Jésus, autrefois professeur bienveillant d'italien pour Ludovie, et maintenant chassé comme elle par l'orage révolutionnaire de sa résidence habituelle, trouvait aussi un refuge à Avignon. Ses anciennes relations avec Ludovie l'engagèrent à lui rendre quelques visites.

Il eut ainsi l'occasion de remarquer souvent cette égalité d'une âme toujours en paix avec elle-même, toujours calme et sereine ; ce détachement profond de toute chose ici-bas, cet amour immense de la vie religieuse.

« Dans la première visite que je fis à Madame Ludovie, dit-il, lui parlant de sa fuite de la Ferrandière, je lui disais qu'elle s'était peut-être trop pressée de quitter Mont-Ravel, que la prudence aurait paru demander d'y rester encore quelques jours ; elle me répondit : « *Oh ! mon*

« *Père, non. Je n'y suis restée que trop longtemps !* »
Et puis, secouant un peu la tête, elle ajoutait :
« *Etre hors de sa communauté, ô mon Dieu ! quel*
« *malheur !* »

En effet la vie de communauté était maintenant pour Ludovie ce qu'était autrefois pour elle la vie de Mont-Ravel. Ou plutôt elle la regardait comme un perfectionnement de la vie de famille et comme un avant-goût du ciel. On se souvient de cette parole qu'elle disait à ma mère dès le temps de son noviciat : « *Je n'ai jamais vécu qu'en famille, passant de la famille de Mont-Ravel à celle de la vie religieuse.* » Et Amélie lui disant un jour que les magnificences de la basilique de Saint-Pierre lui donnaient quelque idée du ciel : « *Oh ! pour moi*, reprit vivement Ludovie, *ce n'est pas cela qui me donne une idée du ciel. Quand je veux m'en faire une idée, je me représente une assemblée de religieuses voilées...* »

Aussi, ne manquait-elle pas, quand l'occasion s'en présentait, d'affirmer bien haut son bonheur. On lui demandait un jour, dans les fraternels épanchements de la conversation, si elle se trouvait, dans sa vocation, toujours aussi heureuse qu'au temps de son noviciat : « *Oh ! pour moi, je n'ai qu'une chose à dire*, reprit-elle, *c'est que je suis très-heureuse et parfaitement heureuse !* » Et comment ne l'aurait-elle pas été, possédant une âme si soumise à la volonté de Dieu et si ambitieuse de l'être toujours davantage ?

Il lui semblait qu'une religieuse devait toujours être dans la dilatation et la joie. Surprenait-elle quelque nuage de tristesse sur le front d'une de ses Sœurs : « *Allons*, lui disait-elle, avec une vivacité pleine de douceur, *dites avec moi* : « OH ! QUE LE SEIGNEUR EST BON ! *cela fait toujours du bien.* » Et ces paroles, accompagnées de la plus aimable sérénité, produisaient leur effet.

Vers la fin de janvier, le nombre des élèves ayant augmenté, on chargea Ludovie de la classe de cinquième et d'un partie des surveillances du petit pensionnat.

Elle se remit à faire la classe avec un empressement nouveau. Mais, à Avignon, le terrain n'était pas le même qu'à la Ferrandière, et la douceur et la sérénité inaltérables de la maîtresse, plus d'une fois sans doute, furent mises en échec par la légèreté et la vivacité des élèves. Ludovic s'en aperçut bientôt, et sentit la nécessité de prendre de nouveaux moyens.

Ils lui réussirent si bien, qu'au mois d'avril, la maison de la Ferrandière s'ouvrant de nouveau aux élèves dispersées et les religieuses qui étaient allées chercher un asile à Avignon y étant rappelées, Ludovie seule ne le fut pas et resta pour continuer sa classe.

Toutefois les soins qu'elle donnait à son emploi ne lui faisaient perdre de vue aucun des membres de la famille.

« En priant tout à l'heure pour chacun de vous, chers frères et bien chères sœurs, écrivait-elle à la fin de décembre 1870, le désir m'est venu de vous envoyer à chacun mes souhaits et mes vœux. Ecrire à tous était cependant chose un peu difficile ; une seule enveloppe ne m'aurait pas suffi. Mais ne voulant pas fermer la porte à l'heureuse pensée que j'ai à cœur d'exécuter, je vous réunis tous sur le même papier, m'adressant à tour de rôle à chacun de vous.

« Commencerai-je par rang d'affection ? Pour cela, vous seriez tous sur la même ligne ; car je n'ai pas oublié notre ancien proverbe : *Les dix ne font qu'un*. Je suivrai l'ordre que le bon Dieu a établi ; c'est toujours ce qu'il y a de mieux.

» A vous donc, mon cher Maurice. Que l'année 1871, si elle augmente vos soucis, n'enlève rien à votre gaîté ; que, malgré votre bravoure et votre généreux patriotisme, les Prussiens nous disent adieu, sans avoir eu affaire avec vous autrement que par la mitraille des *Pater* et des *Ave Maria*, bien plus sûre que celle de notre artillerie. Enfin que Dieu vous rende toujours *heureux père* et frère affectionné.

« Pour toi, chère Antoinette, mes vœux ne sont-ils pas renfermés dans ceux que j'adresse à Maurice ? Je n'ajoute rien. Notre amitié mutuelle n'a plus à s'augmenter, je crois ; car elle est aussi vive et aussi sincère que je puisse me la figurer entre sœurs, étant formée par Dieu sous l'aile maternelle.

« Mon bien cher Adrien, je voulais ici énumérer tes titres glorieux ; ma mauvaise mémoire me fait défaut. D'ailleurs rien ne me dit plus que celui de *frère aîné ;* reçois donc mes vœux à ce simple titre. Dieu, qui a, sans doute, de grands desseins sur la première tête de quatre fils, a voulu, dans son inépuisable bonté, épargner à la famille de douloureuses inquiétudes sur ta chère destinée, en t'arrachant au service militaire. Remercie-le donc avec nous, cher frère, de t'avoir conservé.

« Que te dire, chère Amélie, quand on est, à la fois, le bras droit de sa mère, institutrice, tante et femme de ménage ? Il faut réunir tous les souhaits possibles et particuliers à tant de fonctions. J'oubliais encore celle de sacristine, qui n'est pas la moins aimée. Reçois donc, chère sœur, la sincérité de mes vœux pour toi. Merci pour ta dernière bonne lettre, j'y répondrai plus longuement un autre jour . . . .

« Crois-tu, cher Paul, que tu sois oublié ? Loin de là, je t'aime trop pour cela ; et si tu n'es pas aujourd'hui à Saint-Etienne, je prie Amélie de mettre une fois de plus sa complaisance en jeu, pour te transmettre mes souhaits. Grandis en science, en raison, en piété surtout, cher Paul, comme tu as commencé, je le sais. . . . .

« Pourquoi ne m'écris-tu pas cette année ? Sais-tu que tu me fais faire par là une vraie mortification ? J'aime tant recevoir tes lettres ! Tu trouves peut-être que je ne te réponds pas assez tôt ? Dans ce cas, je te promets d'être très-exacte. Ainsi nous allons nous corriger tous les deux.

« J'avais encore bien des choses à dire à Paul ; mais je les laisse pour toi, chère petite Marie-Gaëtane. Tu m'as déjà souhaité une bonne année, et ta lettre m'a fait un grand plaisir. Je vois que tu es sage et que tu fais des progrès. A mon tour je te souhaite de grandir en sagesse tous les jours. Embrasse pour moi Emmanuel et Antony.

Souhaite aussi une bonne année à Marie et à la bonne Marguerite. Adieu à tous. »

Georges surtout, pendant tout le cours de cette année, fut l'objet des plus fraternelles et des plus religieuses sollicitudes de Ludovie.

Le siége de Paris ayant commencé avant l'époque ordinaire de la rentrée du séminaire de Saint-Sulpice, Georges avait dû chercher un asile dans une maison ecclésiastique du diocèse de Lyon.

Ludovie, dont le cœur savait compatir à toutes les douleurs, sentait combien son frère devait être contrarié de ses mécomptes, et combien il était dur pour lui d'être si longtemps éloigné du séminaire de Saint-Sulpice.

« La consolation que j'éprouve ici, lui écrivait-elle, me fait penser à toi, cher Georges. Dieu t'envoie une manière toute particulière de te former à son école de foi et de sacrifice. Il te fait marcher par un chemin obscur ; mais que la lumière qui le suivra sera douce et consolante ! Je prie Dieu qu'il t'adoucisse cette épreuve, et te donne largement ses grâces de force et de lumière.

« Mon sacrifice n'est pas comparable au tien ; car enfin je suis au milieu des miens, toutes nos maisons ne faisant qu'un par l'esprit et le cœur. Aussi, je ne me crois pas meilleure que je suis ; je n'ai pas grand mérite à être généreuse. Cependant j'espère que Dieu voudra bien agréer mon sacrifice, quelque minime qu'il soit. Je l'offre souvent pour toi, car je comprends ta situation, et j'en souffrirais beaucoup, si je ne pensais que tes peines sont l'indice des trésors de grâces que Dieu te réserve pour l'avenir. »

Mais ces peines, pour lesquelles Ludovie versait si abondamment la consolation dans l'âme de son frère, n'étaient rien, au prix de celles qui l'attendaient.

Quand le siége de Paris fut levé, les Directeurs du séminaire de Saint-Sulpice songèrent à rappeler leurs élèves. Une lettre circulaire leur fut adressée ; ils étaient convoqués, pour le 15 mars, à la retraite ordinaire qui ouvre les cours.

Bon nombre de séminaristes dispersés dans le reste de la France se rendirent à l'appel ; le bonheur de se retrouver réunis était d'autant plus grand qu'il avait été plus longtemps désiré. On se trouvait si heureux que, lorsque la Commune éclata, on ne put qu'à grands regrets se décider à s'éloigner. Plusieurs même, dans l'espérance de voir les troubles s'apaiser, voulurent attendre le dernier moment.

Georges fut de ce nombre. Mais le 6 avril, jour même du Jeudi Saint, jour bien choisi pour commencer sa passion, il fut arrêté avec six de ses confrères. Après avoir passé huit jours à la Préfecture de police, il fut transporté à la prison de Mazas, où il resta jusqu'au 25 mai.

Pendant ces 52 jours, que de souffrances pour lui, que d'angoisses pour nous !

Georges, dont plus d'un voisin de cellule fut choisi pour victime, n'échappa au massacre que par une série de circonstances toutes providentielles, mais dont le récit nous entraînerait trop loin. Je dirai seulement que Ludovie fut la force de tous dans cette douloureuse circonstance. Ses lettres respirent un calme et une hauteur d'âme qui jettent de suite dans le surnaturel, et font chercher dans ce domaine élevé, où elles se trouvent seulement, la force et la paix dont l'âme a besoin dans la tribulation.

Elle écrit à Paul,en réponse à une lettre qu'elle avait reçue de lui :

« Continue, cher Paul, à te nourrir des pensées généreuses que donne la foi...

« Quand Georges renonça par obéissance, au mois d'octobre, à suivre les ambulances de l'armée, qui nous eût dit qu'il serait un jour prisonnier pour s'être revêtu des livrées de Jésus-Christ? Dieu le savait; et il permit toute chose, parce qu'il voulait lui donner une plus belle occasion de lui montrer son dévouement, en le faisant souffrir autrement qu'il ne l'avait pensé.

« Comme tout change, cher Paul, quand on sait bien que nous ne sommes sur la terre que pour aller à Dieu!... Georges nous donne à tous un bien bel exemple par son courage. Soyons comme lui, n'est-ce pas? prêts à faire tout ce que Dieu voudra.

« Ne sommes-nous pas un peu sur la croix, depuis que notre cher frère est prisonnier? Dieu lui accorde une grande grâce de le faire souffrir pour lui!...

« Notre devoir à nous est de prier, pour qu'il conserve jusqu'à la fin de l'épreuve sa sérénité et sa résignation, et que ses peines obtiennent, comme il le demande, grâce et pardon pour les méchants. »

Dans une lettre à Amélie elle ajoute :

« Georges met un beau joyau à la couronne de maman... Avez-vous de ses nouvelles? Il est bon de savoir et de se rappeler souvent qu'au ciel tout est compté, et que les méchants ne peuvent faire le mal, qu'autant que Dieu le leur permet. Ils iront jusque-là, mais pas plus loin...

« Et puis si Dieu voulait se choisir un martyr dans la famille, pourrions-nous nous dire malheureux?... »

Enfin, le 25 mai, trois jours après l'entrée des troupes régulières dans Paris, plusieurs obus dirigés contre les défenseurs de la Commune, tombèrent sur la prison de Mazas. Le premier geôlier, en l'absence du directeur, qui, sur l'ordre de la Commune, s'apprêtait à faire sauter la prison, s'empressa d'ouvrir la porte aux détenus.

Chacun se sauva, comme il put.

Georges, vêtu de méchants habits recueillis dans quelque coin et accompagné de deux de ses confrères, prisonniers comme lui, arriva enfin à Saint-Sulpice, le 26 au soir, après avoir traversé mille dangers.

Ludovie apprit sa délivrance par Amélie.

En *post-scriptum* d'une lettre qu'elle lui adressait, nous lisons les lignes suivantes, écrites d'une main émue et précipitée :

« Ma mère vient de me renvoyer ma lettre, car elle a reçu la tienne tout à l'heure. Merci à Dieu et à la sainte Vierge, mille fois! On sonne le Salut, je n'ai que le temps de te dire ceci. Commençons ce soir une neuvaine d'action de grâces! Adieu! »

Presque au même moment, le Père M*** lisait, dans un journal un peu hâté, la nouvelle de la délivrance de Georges, accompagnée de détails émouvants sur sa première entrevue avec mon père. Aussitôt il se rendit au Sacré-Cœur pour faire part de sa joie à Ludovie.

« A l'émotion qui accompagnait ma voix, dit le Père, lorsque je lui répétais ce que je venais d'apprendre par le journal, elle me répondit avec un sourire plein de calme : « *Ah! merci, merci, mon* « *Père. Remercions bien le bon Dieu d'une telle grâce.* « *J'ignorais tout cela; mais je m'attendais bien,* « *contre toute espéranee, à la délivrance de mon* « *frère.* »

Le calme digne et grave de Ludovie, sa figure modeste et épanouie, presque comme à l'ordinaire, frappèrent singulièrement le Père M***.

« J'aurais accusé notre bonne religieuse d'impassibilité, dit-il, si je n'avais connu son cœur et son amour.

« Vraiment, j'avais en face de moi une de ces âmes d'élite, dont rien ne peut altérer la paix du cœur et la tranquillité de l'esprit; une de ces âmes généreuses qui, au milieu des épreuves les plus naturelles, présentent le même visage calme et résigné, et qui du fond du cœur bénissent, avec un égal amour, le Dieu qui frappe et qui relève, qui afflige et qui console. »

Le 5 juin, écrivant à ma mère, Ludovie réclamait la confirmation des détails, qu'elle avait appris sur la délivrance de Georges, et témoignait de l'intérêt que ses Sœurs en religion avaient porté à la famille, pendant tout le temps qu'il avait été prisonnier.

« J'ai eu, dit-elle, un mot de Georges, daté du 27. Ce n'était qu'un mot, m'annonçant sa délivrance. Il me suffisait le jour que je l'ai reçu. Maintenant j'ai besoin de détails ; et je les demande à Georges, s'il est auprès de vous. Il me faut une longue lettre de ce cher frère, après qu'il aura répondu à toutes les questions de votre tendresse maternelle. Il me dit en finissant sa lettre : « J'ai trop à te dire pour essayer de le faire main- « tenant, mais à bientôt. »

« Qu'il se hâte donc de me faire connaître ce qu'il a souffert pour Notre-Seigneur. La *Gazette d'Avignon* a reproduit l'article du journal de Saint-Etienne ; et ma digne Mère M*** a eu la bonté de me le faire lire. Ces détails sont-ils bien exacts, chère mère ?... Comme nous devons bénir Dieu de l'avoir sauvé si près de la mort !

« Madame R*** a eu la bonté de m'écrire, pour

me demander des nouvelles de Georges, quand elle a appris le massacre des prisonniers. J'aurais voulu vous envoyer, chère mère, ce témoignage de l'affectueux intérêt que j'ai trouvé en cette circonstance dans ma famille religieuse : il vous aurait consolé. Mais je sais que vous ne doutez pas de la sincérité des liens religieux. »

Puis, se rappelant les horreurs de la Commune et de l'incendie, elle ajoutait :

« Je me souviens quelquefois, chère mère, de la question que vous me faisiez avant d'entrer à la Ferrandière : si je n'avais pas de regret de n'avoir pas connu Paris ! Qu'en reste-t-il ? Antoinette et Amélie peuvent se représenter, mieux que moi, l'aspect sinistre de ces monceaux de cendres et de cadavres ! Pour moi, je ne regrette rien. Mais je voudrais que ce spectacle ouvrît les yeux de l'âme à beaucoup.

« Que Dieu nous préserve tous dans les mauvais pas, que nous avons encore à passer. Combien sont à plaindre ceux qui ne savent pas prier !

« Adieu, chère mère, dites-moi bien vite si vous n'avez plus d'inquiétudes. »

Le 11 juin, c'est à Georges qu'elle écrit. Cette fois son cœur, dévoré de la soif du sacrifice, s'ouvre avec bonheur à celui de son frère, qui en avait goûté si abondamment les voluptés.

« Te dirai-je que ta bonne lettre m'a attristée ? Non, car je l'attendais avec trop d'impatience ; mais je comprends tes saints regrets, et ce que j'appellerai ton mal du pays de te voir sur cette terre, que tu croyais quitter. Qu'elle doit être triste en effet, lorsque comme toi, cher frère, on avait tout lieu de se croire à la porte du ciel ! On se sentait près de Dieu ; et au lieu de cela il faut revenir plein de force dans ce misérable monde, si peu digne de notre cœur. Ah ! je comprends ton malaise, cher Georges ; la mort devait te paraître plus belle que la vie, dans cette prison, où tu te trouvais heureux par la volonté de Dieu.

« Mais n'est-ce pas encore cette même volonté qui te retient loin du terme que tu croyais entrevoir ? Pourquoi ?.. oui, pourquoi ? Il faut se le demander : Dieu ne fait rien sans motif. Et la réponse à ce pourquoi, qui te la donnera ? Lui seul, qui te veut encore sur la terre, sans doute pour te demander encore de plus grandes choses pour lui.

« Cher Georges, jetons-nous en Dieu pleinement ; cela seul peut contenter notre cœur. Il y a tant d'ingrats, tant d'impies ! Tu as vu, de plus près que moi, ces malheureuses âmes ; aimons pour elles, qui ne veulent pas aimer ; servons Dieu pour ceux qui l'offensent.

« Je répète pour toi la prière que je faisais, quand tu étais en prison : « *Mon Dieu, que votre vo-* « *lonté s'accomplisse en lui, par-dessus tout et dans* « *toute son étendue.* » Je ne demandais ta vie qu'autant qu'il plût à Dieu de te la laisser. Cependant je ne me faisais pas à la pensée de ne plus te revoir sur la terre; non pas que tu me parusses malheureux; certes, donner sa vie pour Dieu, n'est-ce pas une immense grâce ? Mais, quand on a tant reçu que nous, cher Georges, faut-il mourir avant d'avoir tout sacrifié, tout donné, tout immolé ?...

« Nous sommes encore trop jeunes pour dire que nous avons souffert tout ce que nous avons à souffrir pour Dieu .. Dieu nous réserve-t-il quelque chose de meilleur que la croix, quoi qu'en dise notre pauvre nature ? La grâce sera toujours proportionnée à la peine; le Cœur de JÉSUS sera toujours ouvert. Ainsi, pourquoi s'effrayer ? Acceptons de nous voir encore où nous ne voudrions pas être, puisque tel est le bon plaisir du Maître.

« Adieu, bien cher Georges ; écris-moi souvent, je te prie. Votre maison de Saint-Sulpice a-t-elle beaucoup souffert ? Je m'intéresse à tout ce qui touche à ton avenir et je le confie à Dieu... »

A la même époque, un événement de famille,

aussi joyeux que le premier avait été douloureux, occupait également l'esprit et le cœur de Ludovie. C'était la première communion de Marie-Gaëtane; la dernière de ces touchantes cérémonies qui devait se faire dans la famille. Marie-Gaëtane avait été préparée à cette grande action par ma mère, comme nous l'avions tous été ; et Ludovie, qui ne se rappelait ces soins maternels qu'avec un vif sentiment de reconnaissance, aimait en cette circonstance à mêler sa voix à celle de ma mère. Sa foi lui inspirait des paroles douces et ardentes, qui pénétraient l'âme de ma sœur.

« Quand tu liras cette lettre, lui écrit-elle deux jours avant sa première communion, je serai bien près de toi : car j'aurai communié, en union avec toute la famille, pour notre petite Marie-Gaëtane ; et le bon Dieu, que nous aurons toutes deux dans notre cœur, nous unira bien étroitement. Il sera *tout à toi* et tu seras toute à Lui !...

« Sais-tu bien quelle est ta puissance aujourd'hui, chère petite sœur ? C'est ce grand Dieu, que tu adores, qui se livre à toi avec toutes ses richesses ! Que vas-tu faire pour Lui, chère petite ? Lui donner ton cœur, pour qu'il puisse toujours s'y reposer avec délices, et qu'il le conserve toujours bien pur.

« Et puis, que feras-tu encore? Tu lui diras merci! oh! merci sincèrement, pour toutes les grâces qu'il a accordées à la famille ; et alors seulement tu pourras demander tout ce que tu voudras à ce bon Maître, qui t'aime tant. Donne-lui tous nos cœurs avec le tien, chère Marie-Gaëtane. Tu es l'ange de la maison aujourd'hui ; et le bon Dieu veut te donner tout ce que tu lui demanderas avec foi.

« Dis à la sainte Vierge que tu es encore plus spécialement son enfant, puisque son divin Fils JÉSUS devient ta propriété. Il est à toi ! Oui, c'est lui qui est dans ton cœur.

« Regarde la petite feuille dorée, que Madame M*** a eu la bonté de choisir pour toi, et que je t'envoie de sa part ; tu y verras ce que ton cœur pense et ce qu'il voudrait dire au bon Maître.

« Le petit emblème te rappellera la date de ce beau jour, qui ne s'efface jamais du cœur, et la colombe te dira de conserver ta pureté sans tache pour boire souvent à la coupe du roi JÉSUS.

« Mais il ne faut pas que j'empiète sur les droits du divin JÉSUS. C'est Lui qui veut avoir aujourd'hui toutes tes pensées. Que de choses à lui dire, n'est-ce pas ? pour papa et maman, tes frères et sœurs, tes petits neveux : n'oublie personne, chère

Marie-Gaëtane, non, pas même tant de méchants, qui offensent le bon Dieu et qui ne savent pas lui demander pardon. Si tu le fais pour eux, tu peux obtenir qu'ils se convertissent. Vois donc comme il faut prier !

« Allons, je te laisse cette fois avec le petit JÉSUS, que tu possèdes dans ton cœur. Dis-lui aussi quelque chose pour moi ; et aime-le toujours, car il t'aime encore plus que tu ne peux le comprendre.

« Adieu dans son divin Cœur. »

Puis, se transportant, par la pensée, au milieu des saintes joies et des douces émotions de la famille, elle s'écriait : « Ah ! quelle belle fête doit vous faire passer cette dernière première communion !... »

X

ASPIRATIONS VERS LA SAINTETÉ

Ludovic et Paul.— Entrée d'Amélie au noviciat de la Ferrandière. Ordination de Georges.

Ludovie, comme nous l'avons vu, s'était gagné l'affection des petites méridionales ses élèves. Non-seulement elle continua sa classe jusqu'à la fin de l'année scolaire, mais elle reçut encore pour l'année suivante le même emploi à exercer auprès des enfants; « et toutes l'aimaient et la respectaient, » nous disent les personnes qui l'ont vue à l'œuvre à cette époque. Certes, c'est là un bel éloge, et si Ludovie put, en si peu de temps, conquérir l'amour et le respect de toutes ses élèves, elle le dut, je n'en doute pas, aux efforts qu'elle fit pour tempérer son extrême bonté par son inébranlable énergie.

Dans un de ses cahiers spirituels, on lit, à la date du premier vendredi de mars 1872 :

« Je veux, envers les enfants, moins parler, agir davantage, mais jamais sans conseil ; ne jamais répondre que par la douceur ; ne rien dire le cœur ému ; avant de reprendre, relever toujours ce qui aura été bien ; dans les difficultés, faire un acte de joie intérieure. »

Bien que ces résolutions n'aient été écrites qu'après plusieurs mois d'expérience, elles avaient été pratiquées dès le principe, et c'est en elles qu'il faut chercher la cause des succès de Ludovie auprès des enfants.

Sans doute, il serait intéressant de la suivre en classe, et de la contempler, enseignant et gouvernant ce petit peuple. Mais nous n'avons aucun détail qui puisse nous permettre de pénétrer dans ce que j'appellerai volontiers le sanctuaire de la classe, et qui nous laisse voir comment Ludovie savait à propos faire passer dans ses actes cette volonté ferme et constante, ce tact parfait, cette grande douceur, cet amour sincère des âmes, que nous lui connaissons.

Pour y suppléer, je citerai ici quelque chose de sa correspondance avec Paul. La bonté qu'elle lui témoigne, nous donnera quelque idée de celle qu'elle devait mettre dans ses rapports avec les enfants.

Il serait difficile, je crois, de trouver dans un cœur de sœur pour son jeune frère un amour tout à la fois plus profond, plus tendre et plus entendu, que celui que Ludovie témoigne à Paul.

« J'ai été si contente de recevoir une lettre de toi, cher Paul, que je viens vite te répondre, avant même d'avoir écrit à Mont-Ravel. Tu me feras souvent de ces bonnes surprises, n'est-ce pas ? Et moi je te les rendrai aussi vite que possible.

« Ne trouves-tu pas que c'est bien consolant de pouvoir se raconter ainsi tout ce que l'on fait ? C'est comme si l'on était sous le toit paternel, puisque l'on se parle comme si l'on se voyait.

« Quand j'ai lu ta lettre, il me semblait voir mon petit Paul en étude, entouré de ses compagnons qui travaillent avec lui avec ardeur, mais plus comme les écoliers, qu'il faut toujours surveiller pour qu'ils ne perdent pas leur temps. Ce sont de grands garçons, qui ont laissé de côté la vilaine paresse et qui sont résolus, une fois pour toutes, à travailler sérieusement. Et je vois bien que je ne me trompe pas, puisque tu as été deuxième en composition. Maintenant que tu as bien commencé, tu vas bien continuer, n'est-ce pas, petit Paul ? Notre-Dame de la Salette t'aidera, puisque tu l'aimes beaucoup et que tu l'as choisie pour protectrice. Tu as une bonne pensée d'aller la prier en esprit à Mont-Ravel. J'irai avec toi de tout mon cœur. Je la prierai pour toi ; et tu lui feras aussi une petite prière pour moi, après que tu lui auras recommandé papa et maman. C'est bien toujours par ces bons parents que tu commences, n'est-il pas vrai?... »

A la date du 16 février 1868, elle lui écrivait encore de la Ferrandière :

« Ne trouves-tu pas qu'il y a bien longtemps que nous ne nous sommes rien dit ? et c'est moi qui suis en retard ; c'est vraiment bien mal. J'aime pourtant beaucoup venir te trouver, cher petit Paul... Je veux que tu me continues toujours tes lettres. je t'assure qu'elle me font toujours beaucoup de plaisir ; est-ce toi qui as mis tes initiales en belle couleur rouge sur ton enveloppe ? Vraiment tu fais là de bien belles choses, j'en ai été émerveillé ; mais il faut que tout marche de front, l'écriture, l'orthographe et l'application : c'est ce que tu fais, n'est-ce pas ? ... »

« Depuis que tu m'as écrit que tu avais appris une fois ta leçon pendant la récréation, j'ai demandé souvent à la sainte Vierge qu'il ne t'arrive plus de pareilles méprises, de prendre l'étude pendant que tes petits compagnons s'amusent ; ne vaut-il pas mieux faire chaque chose à son temps ? Cher petit Paul, crois-moi, on est bien plus content quand on fait bien son devoir... »

Je citerai encore les deux lettres suivantes, écrites d'Avignon :

Novembre 1871.

« Ne juge pas du plaisir que m'a fait ta dernière lettre sur ma lenteur à te répondre. Tu sais comme j'aime ce qui me vient du collége de Saint-Chamond ; surtout quand j'apprends (ce que l'humilité de mon cher frère lui a sans doute fait taire), qu'il a commencé son année par le tableau d'honneur ; que ses places sont bonnes ; qu'il est heureux, parce qu'il répond vraiment à ce que ses chers parents attendent de lui.

« Pourquoi ne pas me dire tout cela, cher Paul ? Vraiment, tu me donnes aujourd'hui envie de te gronder. Tu sais bien que j'aime tout savoir et connaître, quand il s'agit de vous tous.

« Maman m'a écrit que le bon Père R*** était allé recevoir sa couronne. Prie pour lui, n'est-ce pas ? et demande-lui aussi son secours auprès de Dieu. Il s'intéressait tant à toi, cher Paul. Te souviens-tu quand il t'apprenait tes prières ? Et ce petit interrogatoire, qui renfermait tant de choses dans ces quelques mots, si paternellement et si énergiquement prononcés : *Eh bien ! Paul?*

« Eh bien ! oui, Paul, n'oublions pas ceux qui nous ont si sincèrement aimés en Notre-Seigneur ; et comme tu me le dis, faisons ce pour quoi nous sommes, soit au collége, soit ailleurs, pour aller les rejoindre un jour. Au ciel les luttes seront finies et l'on ne se séparera plus........

« Tu me dis que tu m'enverras une petite carte dessinée par toi. Je l'attends avec impatience, cher Paul, bien que je n'aie besoin de rien, tu le sais, pour penser à toi surtout auprès de Dieu.

« C'est dans son Cœur que je t'aime. »

Janvier 1872.

« Après avoir relu ta dernière lettre, j'ai presque envie de te dire : *cher étourdi.* Par quel motif, dis-moi, veux-tu que je te prenne pour un extravagant, qui a des idées si peu sensées, que personne n'en a jamais eu de pareilles ? Je sais bien que, dans la tête de mon cher Paul, il peut passer, en moins d'un quart d'heure, cinquante impressions, toutes différentes les unes des autres ; mais je suis sûre que sur ces cinquante, il y en a toujours une bonne, et bon nombre moins extravagantes que tu le crois. Dis-m'en quelques-unes. Une sœur est toujours sœur. Sois bien persuadé que je ne te prendrai jamais pour un insensé, comme tu parais le craindre, si tu me racontais tout ce qui te passe par la tête. D'abord aie la bonté, cher Paul, de me dire pourquoi tu te trouves aussi sot que le monde... Voyons, réfléchis un instant.... ton cœur n'a-t-il jamais battu du désir de faire le bien ? et s'appelle-t-on un sot, quand on a un cœur chrétien ? Dis-moi que j'ai un frère encore étourdi : peut-être ; mais un étourdi qui deviendra *bon*...

« Demande à ton saint Patron de faire de toi un vrai Paul. C'est aujourd'hui la fête de la Conversion du grand Apôtre ; et c'est pour cela que j'ai voulu t'écrire aujourd'hui, pour te souhaiter une bonne fête, en même temps qu'une bonne année. Je suis bien en retard à ce sujet ; montre-moi que tu n'es pas fâché, en m'écrivant avant le Carême ; il me semble que ce n'est pas trop te demander ? Qu'en penses-tu, cher Paul ?

« Si tu savais comme j'aime lire tes extravagances, tu me répondrais bien vite... »

C'est ainsi que Ludovie savait élever vers le ciel les pensées de son jeune frère.

Amélie l'occupa aussi beaucoup pendant le cours de cette année.

Elle avait vivement ambitionné et ardemment demandé au Seigneur, pour elle, la vocation religieuse. Et cette grande grâce venait enfin d'être accordée à ses prières. Amélie avait reconnu l'appel de Dieu et s'apprêtait à le suivre.

« Je sais combien ce dernier sacrifice sera pénible pour la famille, écrivait-elle à Antoinette. Mais nous sommes à Dieu avant tout ; n'est-ce pas une trop grande faveur pour nous d'être l'objet de ces exigences de la grâce ? Chère sœur, après avoir tant reçu, donner est un besoin, bien que la souffrance s'ensuive.......

« Pour toi, comme pour maman, je sais que la foi vous fait envisager selon Dieu ce sacrifice et cette grâce. Je voulais cependant, chère sœur, m'efforcer d'adoucir ce moment pénible à la tendresse maternelle et paternelle... »

Or voici avec quelle charmante délicatesse elle adoucissait à la tendresse maternelle ce pénible moment :

« Quand Amélie ne sera plus là, me dites-vous, chère mère, je ne serai *plus bonne à rien*. Je n'en crois rien, et je me creuserais plutôt la tête, pour trouver à quoi vous pourriez ne pas être *bonne*.

D'ailleurs, chère mère, qu'Amélie soit près de vous ou non, n'y a-t-il pas des cœurs, et le mien est de ce nombre, qui ont besoin de vous dire souvent et pendant bien longtemps leur reconnaissance filiale ? Et vous êtes et vous serez toujours *bonne*, pour croire à la sincérité de leurs sentiments. Il y en a d'autres qui, avec la reconnaissance, ont encore besoin de vos conseils pour entrer dans un avenir qui, j'en ai la confiance, vous apportera bien des joies et des consolations. Et puis encore, que de choses ? Je continue puisque j'ai commencé; et sans parler de Paul, je passe à Marie-Gaëtane, qui a encore tout à apprendre de vous; à connaître et à aimer Dieu, les pauvres et le dévouement, qu'elle voit si bien pratiquer, mais qui a besoin d'être commenté par vous, chère mère, pour être compris et pratiqué un jour par cette chère petite sœur.

« *Bonne à rien !* Mais vraiment, chère mère, je ne vous comprends pas, et je vous trouve *bonne à tout*, puisque la volonté de Dieu vous trouve disposée à tout. Et quand bien même les infirmités et les maladies vous auraient réduite à ne plus pouvoir rien faire, selon le monde, serait-ce n'être *bonne à rien* que d'aimer et de prier Dieu pour tant d'âmes, qui n'apprennent en quelque sorte à le connaître que pour l'offenser? de donner l'exemple d'une vie vraiment chrétienne et à la hauteur de tous les sacrifices? . . . .

« Vous voyez bien, chère mère, qu'il est inutile de penser de la sorte. S'il existe dans le monde des êtres *bons à rien*, ce ne peuvent être que ceux qui ont le triste courage de trouver mauvais tout ce que Dieu exige d'eux; et assurément vous n'êtes pas de ce nombre. Réjouissons-nous donc, au contraire, de ce que Dieu nous demande. Le bonheur du ciel mérite bien un peu de souffrance sur la terre. La réunion du ciel ne finira jamais, tandis que les peines de ce monde auront leur terme.

« Ainsi, chère mère, je vais dire adieu à ma *bonne* mère et la prier de m'écrire bientôt; car, pour moi, elle est non-seulement *bonne à tout*, mais nécessaire. Il me faut son cœur et son écriture en long et en détail, accompagnés de sa foi et de sa gaîté habituelles. C'est ainsi que Dieu veut être servi... »

Le noviciat de la Ferrandière, qui avait été transporté à Montpellier, à cause des troubles de la guerre, revenait à Lyon au mois d'octobre; c'était l'époque fixée pour l'entrée d'Amélie au Sacré-Cœur.

Ludovie attendait chaque jour qu'on lui en

donnât des nouvelles. Mais les jours se passaient, et rien n'arrivait.

« La lettre d'Amélie, m'annonçant une visite à la Ferrandière, écrit-elle à ma mère vers la fin d'octobre, me faisait pressentir la lutte de votre cœur maternel. Qu'aurez-vous décidé, chère mère? Je n'en sais encore rien. Je prie pour vous et papa ; car le moment fixé depuis longtemps est arrivé ; et bien que je ne sois plus auprès de vous, je comprends combien il est douloureux.

« Chère et bonne mère, je ne vous parle pas de retard, ni même de la fête de l'Immaculée Conception. Il me semble que Dieu ne veut plus de délai, le noviciat étant de retour.

« Je ne pourrai pas écrire aujourd'hui à Amélie. D'ailleurs que lui dirais-je? Ne sait-elle pas, mieux que moi, ce que Dieu lui a mis au cœur et ce qu'elle doit faire pour agir selon sa volonté ?

« Que me dira la prochaine lettre ? Je l'attends avec impatience ; non que je sois inquiète : je ne l'ai jamais été. Mais cette volonté de Dieu, comme je désire vivement la voir s'accomplir ! Chère mère, n'est-ce pas, vous laisserez maintenant partir Amélie ? A quoi sert le retard ? Plus tôt le sacrifice sera consommé, plus tôt Dieu accroîtra envers vous ses tendresses et ses faveurs. Vous consolerez son Cœur et il consolera le vôtre. N'est-il pas le maître de ces cœurs que vous ne formiez que pour lui?

« J'ai le courage de vous parler ainsi, chère mère, parce qu'il me semble qu'à la demande d'Amélie vous avez déjà dit *oui*. Votre première lettre me dira que vous avez donné à Dieu tout ce qu'il vous demandait, et que vous êtes heureuse dans le sacrifice. Et je me réjouirai une fois de plus de ce que Dieu aura beaucoup demandé à ma mère, parce qu'il a pour elle un plus grand amour, et qu'il veut lui faire une riche couronne des âmes qu'elle lui aura gagnées... »

Amélie entra au noviciat le 6 décembre. Alors Ludovie fut satisfaite; il sembla même qu'elle eut du regret d'avoir fait de si vives instances auprès de ma mère.

« Malgré le silence de l'Avent, lui écrit-elle, ma digne Mère me permet de voler un instant auprès de vous. J'en suis heureuse; mon cœur filial a besoin de parler au vôtre, de lui dire qu'il prie beaucoup et lui est bien uni.

« Vous aurais-je fait de la peine, chère et bonne mère, dans un momment où je voudrais ne vous apporter que les consolations les plus vraies? Si quelque chose est capable de troubler ma paix au service de Dieu, ce serait bien cette pensée. Aussi je saisis avec empressement le pardon maternel, que vous m'avez envoyé ; renouvelez-le-moi encore, quand vous m'écrirez, afin que ma joie n'ait plus de nuage.

« Mon empressement à vous voir délivrée d'une douloureuse appréhension m'a fait oublier que je devais mettre de côté mon zèle, tout à fait inexpérimenté. Mais je me rends sans peine aux reproches maternels, qui me sont venus de vous, chère mère ; et je prie le Cœur de JÉSUS de répandre ses grâces et ses consolations sur le chagrin que j'ai pu vous faire.

« Amélie m'a écrit, dès le lendemain de son arrivée. Sa lettre ne respire que la paix et le désir de vous voir heureuse et consolée dans le sacrifice. Je ne fais qu'un avec elle, vous le savez, chère mère, en ce qui vous concerne vous et la famille. Que Dieu vous donne à tous, ce que je désire par-dessus tout pour vous, le bonheur dans sa volonté !

« En sortant de l'Avent, j'écrirai à papa. Je voudrais un mot de lui pour remplacer ses bonnes visites. Dieu sait combien je prie pour ce cher père !

« Adieu, chère et bonne mère. Laissez-moi

compter toujours, comme autrefois, sur vos doux reproches maternels. Mais surtout voyez toujours dans votre enfant le cœur le plus filial et le plus reconnaissant dans le Cœur de Jésus... »

Un mois plus tard, elle écrit encore :

« Pas de nouvelles depuis le 27 du mois dernier; c'est un peu long. Aussi je commence par vous ma matinée, après avoir préparé ce qui m'est nécessaire pour la classe. Que faites-vous, chère mère, et que fait-on autour de vous? Amélie m'a écrit qu'elle vous avait vue avec René, mais il y a déjà longtemps de cela, et depuis cette visite à la Ferrandière, qu'est-ce qui a rempli votre vie de tous les jours? La pensée de Dieu et celle du sacrifice souvent présent à votre cœur, n'est-ce pas, chère mère?

« Je devine la réponse à mes questions. « Depuis que je n'ai plus mon bras droit, ma moitié, « comme vous me le disiez dernièrement, tous les « soucis me reviennent, et je n'ai plus le temps « d'écrire à mes enfants. »

« Mais vos enfants, en revanche, pensent à vous et prient pour leur bonne mère, encore plus qu'ils ne le faisaient auparavant, si je puis m'exprimer ainsi; et ils reconnaissent votre cœur maternel dans ce silence imposé par le surcroît de vos occupations. Qu'il fait bon penser que c'est pour Dieu que l'on souffre et que l'on agit, chère mère ! Avec lui, tout devient doux, tout mérite pour l'éternité !... »

Dans le courant de cette même année, Georges reçut successivement le sous-diaconat et le diaconat. A mesure qu'il gravissait les marches de l'autel et qu'il approchait ainsi plus près de Dieu, Ludovie sentait grandir en elle et se surnaturaliser son amour pour lui.

Je recueille les pensées suivantes dans les lettres qu'elle lui adressa à cette époque.

Elle lui écrivait, vers la fin de l'année 71 :

« Le bien de ton âme et son repos, dans le parfait accomplissement de la volonté de Dieu, est un de mes plus ardents désirs ; et c'est le vœu que je forme pour toi auprès de la crèche de notre divin Sauveur...

« Posséder Dieu, et nous laisser plus parfaitement posséder par Lui : c'est ce que je désire pour les miens et pour moi...

« Une année d'entière dépendance entre les mains du Maître, dans cette disposition habituelle de générosité qui, ne lui refusant rien, lui laisse accomplir à son gré son souverain domaine, voilà ce que je souhaite...

« Nous remplir de Dieu, pour le donner à toutes les âmes qui seront en contact avec la nôtre, n'est-ce pas là seulement ce qui peut constituer une *bonne année* pour l'âme religieuse?

« L'année dernière nous était annoncée comme devant nous amener une crise finale terrible, mais qui devait nous rendre la paix avec l'ordre ; est-ce 1872 qui nous apportera définitivement ce grand coup? Il en sera ce que Dieu voudra, pourvu que son règne arrive...

« Je désire bien vivement que tes vœux soient accomplis pour l'ordination de la Trinité. Une fois qu'on est lié au divin Maître, le reste inquiète fort peu et l'âme devient forte par la confiance...

« Qu'il est bon d'être au service de Dieu! Nous sommes les enfants des Saints que nous fêtons...

« Soyons des saints, cher frère...

« Comme toi, je ne souhaite pas l'absence de la croix; elle nous dégage de nous-mêmes et nous fait mieux comprendre Dieu. Je le bénis chaque jour des parcelles qu'il m'a fait sentir de ce don précieux. La souffrance est vraiment une grâce; méritons-la, cher Georges: Dieu nous a tant aimés!...

« Dis-moi, cher frère, où tu en es des Ordres sacrés. Combien de temps encore avant la prétrise ? J'ai oublié cela. Mon frère prêtre, dans quelques mois ! Quelle grâce, cher Georges !...

« Moi qui pense avec tant de bonheur aux vœux perpétuels, que je prononcerai dans trois ans, si Dieu m'accorde cette grâce, je ne sais comment le bénir de ce qu'il te prépare !... Oui, soyons des saints, cher frère. Ayons confiance, la grâce sera là pour tout. Avec la prière et l'Eucharistie, qu'est-ce qui peut nous effrayer ?... »

Parlant du catéchisme, que Georges faisait à Saint-Sulpice, elle lui dit :

« Je n'oublie pas ton œuvre d'apostolat ; pense aussi à la mienne, je te prie. Soyons les canaux de la grâce pour ces petites âmes, en partie confiées à nos soins. Vigilance, humilité et prière, voilà notre part en ce qui les concerne, et, par-dessus tout, union avec le divin Maître... Sommes-nous heureux d'avoir pour partage l'étude de Notre-Seigneur !...

« J'avais ce matin dans mon point d'oraison que l'âme unie à Dieu intimement, devient, sans le savoir, un exemple perpétuel de sainteté par le seul accomplissement des actions, même les plus communes. Quelle consolante pensée ! Que la grâce met facilement à notre portée les richesses du ciel ! Ne les laissons pas tomber à nos pieds, cher Georges. Aimons notre Seigneur et Maître, si miséricordieux pour nous.

« Adieu en Lui. Que puis-je te dire d'intéressant, si je cesse de parler de ce qui le concerne ? J'aime à le faire avec toi ; mais le devoir m'appelle ailleurs...

« ... Je demanderai instamment d'ici au 25 mai (jour où Georges allait être ordonné diacre), que ta donation soit complète. Je renouvellerai la mienne, en m'unissant à toi. Demande à Dieu, cher frère, qu'il veuille bien par toi me lier à Lui, encore plus étroitement que par le passé.

« Tu es bien heureux, cher Georges ! Il y a tant de bonheur à porter son cœur auprès de Dieu, pour se démettre entre ses mains de tout ce qu'il contient et le lui abandonner !...

« N'oublions jamais que pour Celui qui nous a tant aimés, il faut savoir tout perdre et tout sacrifier...

« S'il m'était possible d'éprouver un regret dans la douce et sainte retraite, où j'ai trouvé le bonheur avec mon Dieu, ce serait assurément de ne pouvoir assister à l'acte de ta donation, cher frère. Ton bonheur me va bien profondément au cœur. Unissons-nous, cher Georges, pour ne faire qu'un avec Dieu... »

Le 30 mai elle écrivait à ma mère :

« Que Dieu le remplisse, ce cher frère, de cet esprit qui fait les saints ; et qu'il daigne agréer, en même temps que la reconnaissance maternelle, celle de son indigne Epouse, la première appelée, bien que la plus misérable.

« Je me souviens du temps de notre petite enfance, où vous nous disiez que vous seriez bien heureuse d'avoir un fils prêtre ! Dans un an à pareille époque, que manquera-t-il à vos vœux, chère et bonne mère ?... Que doit être la cérémonie d'une première Messe, puis d'une seconde, célébrée par l'enfant de la famille, dans le petit sanctuaire où Dieu parlait au cœur de ceux qu'il a choisis ! »

Quand Ludovie traçait ces lignes, elle n'avait plus que deux ans à vivre. Evidemment Dieu préparait son âme, et l'élevait peu à peu au-dessus des régions terrestres.

Comme le fruit mûr se détache sans violence de la branche de l'arbre, ainsi elle devait bientô quitter la terre.

XI

LES ANGLAIS

Retour de Ludovie à la Ferrandière. — Ludovie aux Anglais. — Notes spirituelles. — Maladie de Ludovie. — Sa mort.

La santé de Ludovie avait été très–éprouvée durant les derniers mois de l'année scolaire 1871-72.

Elle ne nous en avait rien dit. Mais, lorsqu'au mois d'août, ayant été rappelée à Lyon, elle parut au milieu de la famille, accourue pour la revoir, nous la trouvâmes méconnaissable. Alors seulement, sur les reproches qu'on lui fit d'avoir gardé le silence, elle avoua qu'elle avait souffert de l'estomac pendant quelque temps. Mais son teint décoloré et ses traits amaigris disaient qu'il y avait eu plus qu'une souffrance passagère.

Ses Supérieures, témoins de l'affaiblissement de sa santé, décidèrent qu'elle prendrait à la Ferrandière le repos et les soins qui lui étaient nécessaires.

L'obéissance m'avait moi-même fixé à Lyon, depuis un an. Je me réjouis de la décision qui y ramenait ma sœur. Mais Amélie surtout en fut heureuse. Elle allait vivre sous le même toit que Ludovie ; elle pourrait à loisir s'entretenir avec elle et s'édifier de ses vertus.

« Bien souvent dans ma vie, dit-elle, j'avais admiré la sainteté de ma sœur, mais à partir de ce moment mon admiration fut à son comble. Ludovie souffrait à peine que je lui demandasse des nouvelles de sa santé. Je compris que son unique désir était de s'élever vers Dieu seul, de toute la force de son âme. Elle ressemblait au voyageur qui accélère sa marche à mesure qu'il découvre mieux le terme de son voyage. Jamais je n'aurais cru qu'il y eût en elle tant de vigueur et d'énergie.

« Cette vertu de force lui paraissait résumer les qualités d'une Epouse du Sacré Cœur de JÉSUS.

Et plus d'une fois, dans nos conversations, elle me dit : « *Oh! au Sacré-Cœur, le trait caractéris-* « *tique de la vertu, c'est surtout la vigueur, c'est la force!* »

« Revenant quelquefois par la pensée sur le triste temps de la Commune, et sur les dangers courus alors par les âmes consacrées à Dieu, elle s'anima un jour en me parlant du martyre, comme si elle eût regretté de n'avoir pas été appelée à ce bonheur.

« Une autre jour, parcourant ensemble les salles du petit pensionnat, elle s'arrêta dans celle où elle avait fait la classe aux plus jeunes élèves, et me dit avec un accent de vérité que je n'ai jamais oublié: « *Oh! ces enfants! mon Dieu, que je les ai aimées!* »

Cependant le temps des vacances s'écoulait, et Ludovie, ignorant encore si elle devait rester à la Ferrandière ou retourner à Avignon, s'abandonnait à la Providence, tout en désirant cependant de rentrer dans la vie de travail et de dévouement.

Elle apprit bientôt qu'elle irait à la maison des Anglais, près de Lyon.

Cette nouvelle, qu'elle accueillit avec une soumission toute filiale, ne laissa pas que de lui imposer un sacrifice. Son cœur s'était attaché aux âmes qu'elle avait aimées et pour lesquelles elle s'était dévouée à Avignon, et jamais elle ne les oublia.

Ce fut le 16 septembre qu'elle se rendit aux Anglais.

Le mois de repos qu'elle avait pris à la Ferrandière semblait avoir réparé ses forces ; et mes parents, heureux du rétablissement de sa santé, se félicitaient du choix que ses Supérieures avaient fait pour elle de la maison des Anglais, où elle respirerait un air meilleur qu'à Avignon.

Toutefois, une pensée lugubre en soi, mais pour Ludovie pleine de radieuses espérances, l'accompagna dans cette maison. « *C'est là ma dernière demeure,* se dit-elle à elle-même en entrant ; *je viens ici pour mourir.* »

Cette pensée, qui ne la quitta plus, ne fit qu'accroître sa ferveur au service de Dieu. Elle s'appliqua à commencer le ciel sur la terre, par un plus grand amour, et se donna tout entière à l'emploi que lui confia l'obéissance. C'était, comme à Avignon, la classe de cinquième, ainsi que la surveillance générale du petit pensionnat.

Mais ici, Ludovie eut moins de peine ; elle retrouvait des caractères plus faciles et qui lui étaient déjà connus. En outre, la classe de cinquième était celle qui renfermait le plus d'enfants se préparant à la première communion ; c'était une consolation pour Ludovie. La culture de ces *petites âmes*, comme elle les appelait, lui était chère. Elle en parlait à ceux qui venaient la voir avec une joie céleste et un cœur embrasé.

Pendant les treize mois qu'elle occupa cet emploi, rien ne vint accidenter sa vie de maîtresse de classe, si uniforme et si modeste, et pourtant si grande aux yeux de Dieu. Ludovie était aimée de ses élèves ; et pendant la maladie qui la conduisit au tombeau, elle reçut, dans leurs constantes prières, la meilleure marque de leur attachement pour elle.

Du côté de la famille, elle n'avait qu'à remercier Dieu. A l'exception de Paul et de Marie-Gaëtane, fort jeunes encore, nous avions tous trouvé notre voie, et, pour ma sœur, que la question de nos vocations avait toujours fort préoccupée, c'était un doux spectacle que de nous voir ainsi chacun où Dieu nous voulait. Aussi sa vie, toute de prière et de travail, n'était-elle plus qu'un chant de reconnaissance et d'amour au Seigneur.

Je ne saurais dire quelle impression produisaient sur moi les courtes visites que je lui faisais de temps à autre. Ce visage si calme, ce regard si doux et si limpide, cet air si modeste, ce sourire inaltérable, ces paroles si saintes et si affectueuses, tout cela parlait éloquemment à mon âme, et je me retirais toujours le cœur rempli de je ne sais quel parfum céleste.

O ma chère sœur ! que ne m'est-il donné, avant de raconter votre longue et pénible maladie, de pénétrer jusqu'au fond de votre âme et de montrer à mes lecteurs ce qu'il y avait en vous d'amour de Dieu et de vrai dévouement pour les âmes !

Sans doute, s'il était possible à l'homme de retracer aux yeux de ses semblables le tableau d'une âme sans cesse en contact avec Dieu par la prière et l'amour, il n'y aurait pas dans la vie des saints de plus belles pages que celles qui raconteraient ces merveilles.

Je dirai cependant que Ludovie appréciait à sa valeur réelle la grâce d'une retraite. Chaque année le retour de ces jours de recueillement la remplissait de joie.

« Ne vous lassez pas, bonne mère, écrit-elle dès le temps de son noviciat, de m'entendre répéter encore une fois combien je suis heureuse d'être à Dieu. La pensée de la retraite me le fait doublement sentir ; j'y entre avec une joie que je ne puis vous dire... »

Aussi profitait-elle, non-seulement de la retraite annuelle, mais encore de tous ces jours de recueillement que la sollicitude des Supérieures ne manque pas de ménager aux religieuses durant le cours de l'année.

Le premier vendredi de mars 1871, elle écrivait sur son cahier spirituel :

« Que je n'oublie jamais que tout passe ; que Dieu seul reste, et tout ce que j'aurai fait pour lui; que mon unique occupation doit être de chercher Dieu seul en tout, de ne m'attacher qu'à Dieu, et de surnaturaliser toute chose ; que tout ce qui est humain est un obstacle qui m'empêche de posséder Dieu ; que toute affection et tout épanchement que je cherche auprès des créatures, est autant d'affection que je ravis à Dieu ; que je dois consentir à tout perdre pour trouver Dieu ; que j'aurai toujours la grâce nécessaire pour aller à lui ; que les moyens qu'il prendra à mon égard, sont les seuls qui puissent me conduire à cette fin, et qu'il est de foi que le cœur qui cherche Dieu avec persévérance et sincérité, le trouvera ; enfin qu'il n'est rien que je ne puisse obtenir, qu'il n'est aucune difficulté que je ne puisse surmonter avec la foi, la prière et la dévotion au Saint-Sacrement... »

En 1872, à l'occasion du Triduum préparatoire à la fête du Sacré Cœur, elle écrivait :

« Ce que je veux et dois chercher dorénavant dans mes Supérieures, c'est *Dieu seul;* dans mes rapports avec toutes les personnes de la communauté, c'est *Dieu seul;* dans les enfants, c'est *Dieu seul;* et toujours et en tout *Dieu seul;* et, *moi*, me perdre dans l'abîme du Cœur de Jésus, me brûler dans ses flammes... »

Sans date et sur plusieurs petits papiers, elle avait écrit la demande de ces diverses grâces :

« 1° La grâce de vivre de la foi et de la vie surnaturelle; d'atteindre le degré de perfection que Notre-Seigneur a marqué pour moi.

« 2° La grâce de me travailler énergiquement et avec suite ;

« 3° La grâce de chercher Dieu sincèrement, et de me donner en plénitude ; l'esprit de prière et de persévérance ;

« 4° La grâce de comprendre cette parole: *Dieu seul est tout, et le reste n'est rien;* de connaître et d'accomplir en toute chose la volonté de Dieu ; de détruire parfaitement en moi ce qui pourrait être une entrave à son accomplissement ;

« 5° La grâce d'être préservée des illusions. »

Au bas d'une image représentant saint Ignace, elle avait écrit la profonde maxime de ce grand Saint: « *Nul ne sait ce que Dieu ferait d'une âme, si cette âme laissait faire Dieu.* » Cette pensée avait fait impression sur elle; elle aimait à se la rappeler et je ne doute pas qu'elle n'ait beaucoup contribué à son avancement dans la perfection.

Sur son dernier cahier d'examen particulier, nous lisons ces lignes, qui trahissent l'ardeur qui la dévorait :

« La vie est un voyage bien pénible, mais bien court ; au bout, c'est le ciel... ! Mais, au ciel, on ne peut plus rien donner, ni rien souffrir... »

Ce besoin de souffrir, qui n'est propre qu'aux grandes âmes, était vraiment le besoin de son cœur vers la fin de sa vie.

« Croyez donc bien, écrivait-elle à ma mère, que votre fille est plus que jamais *sans soucis et sans croix*. Dans les moments de ma vie religieuse où Dieu m'a envoyé la souffrance (ce dont je le bénis chaque jour), il y avait en moi une conviction si forte, que pour l'âme religieuse Dieu seul doit être le *tout*, que je regarde maintenant ces jours de souffrances comme les plus heureux de ma vie; et si parfois une pensée triste vient assombrir mon horizon, c'est celle de n'avoir rien à souffrir. Ma croix m'est chère, et j'espère bien que Dieu m'en fera sentir les épines quelquefois encore... »

Enfin, dans la dernière retraite qu'elle fit aux Anglais, six mois avant sa mort, elle avait pris les résolutions suivantes :

« Ce que je veux, c'est Notre-Seigneur, c'est aller à lui, *droit comme un trait*, et cela, constamment. Je prends donc la résolution :

« 1° Toutes les fois qu'il faudra parler ou agir, de ne tenir aucun compte de ma personnalité, mais de regarder Notre-Seigneur, de penser que ce sont ses intérêts et non les miens que je veux servir, et, après : parler, me taire ou agir, selon ce qu'il m'inspirera ;

« 2° Ne jamais me laisser dominer par ce sentiment : *Je n'ose pas.* »

N'y a-t-il pas, dans ces quelques notes, tout un programme de spiritualité ? Et qui doute que, bien rempli, il ne soit capable de conduire une âme à une haute sainteté ?

Oserai-je dire que Ludovie l'avait parfaitement rempli ? et n'ai-je pas à craindre en parlant ainsi de céder à un mouvement bien naturel de mon cœur ?. . Je me garderai donc de juger moi-même ; j'en laisserai le soin à ceux qui ont lu ces pages, à ceux surtout qui ont connu Ludovie.

Il sera du moins évident pour tous que toutes les

forces de son âme tendaient de plus en plus vers ce but unique : « *Dieu seul ! Les intérêts de Jésus-Christ seuls ! Sa gloire seule ! Oubli total de moi !* »

Elle voulait travailler à cette gloire de Dieu, qui lui était plus chère que sa vie, sans même songer à la récompense. Pendant les vacances qui précédèrent sa mort, causant un jour familièrement avec elle, je fis réflexion qu'on pouvait bien trouver le martyre à Lyon, puisqu'on l'avait trouvé à Paris.

« *Oh !* reprit-elle vivement, *ne pensons pas à la récompense ; travaillons, bien cher frère, et laissons à Dieu le soin du reste.* »

Le divin Maître, qui est généreux à l'égard de ceux qui le sont envers lui, jugea qu'il était temps de récompennser ces saintes dispositions Il permit même que ma sœur eût de sa fin prochaine des pressentiments, plus précis encore que ceux qu'elle avait eus en se rendant aux Anglais.

Bien convaincue qu'elle ne verrait pas la fin de l'année scolaire, qui allait commencer, elle fit, pendant les vacances, la revue de ses papiers, et détruisit tout ce qu'elle avait écrit pendant l'année, se disant, avec le calme d'un voyageur qui arrive au terme : « *Cela ne me servira plus ; je dois mourir cette année.* »

Enfin, le 1er janvier, au moment de la récréation commune, tandis que les religieuses, groupées autour de leur Supérieure, se faisaient part, dans leurs intimes épanchements, de la première sainte pensée qu'elles avaient eue le matin à leur réveil, l'une d'elles dit, en s'adressant à la Supérieure : « Ma Mère, j'ai pensé que je mourrais cette année. — Et vous, Madame Ludovie? reprit la Supérieure, en se retournant vers ma sœur. — *Oh ! moi, ma Mère,* s'écria Ludovie toute radieuse, *j'ai eu exactement la même pensée, à l'instant même où je me suis éveillée.* »

Quelques jours après, ma sœur fut prise d'une petite toux, à laquelle elle ne fit d'abord aucune attention et qu'elle s'efforça même de contenir le mieux qu'elle put. Mais, le mal persistant, elle dut, le 12 janvier, se rendre à l'infirmerie, puis se mettre au lit. Elle le gardait depuis deux jours lorsque Georges, sur le point de partir pour Rome, vint la voir pour lui faire ses adieux.

Ludovie n'avait encore informé aucun des siens de sa fatigue. Elle se leva et se rendit dans la chambre voisine de l'infirmerie, où elle put voir son frère et causer à loisir avec lui. Elle le rassura sur son état; lui recommanda de n'en point parler à notre mère, à qui elle se réservait de donner elle-même de ses nouvelles. Georges, qui ne croyait nullement la fatigue de Ludovie sérieuse, lui promit de faire tout ce qu'elle désirait.

Il ne se doutait pas qu'il l'avait vue pour la dernière fois sur cette terre.

Le 16, Ludovie resta levée quelques heures, reçut à côté de l'infirmerie la visite d'une de nos tantes et se crut assez bien pour pouvoir écrire à ma mère la lettre suivante :

« S. C. J. M.

« 16 janvier 1874.

« Bien chère mère,

« Voici une lettre, telle que vous les aimez, quoiqu'elle ne soit pas bien longue. Je veux que vous ne sachiez que par moi que je viens de passer quelques jours au lit, retenue par une petite fièvre catarrhale, qui a fait son cours très-bénignement, puisque je suis déjà sur pied.

« Il n'y a donc pas lieu de vous inquiéter à mon sujet, comme vous le faites, chère mère ; je le sais, et c'est très-mal. J'ai un peu envie de vous gronder respectueusement. Le médecin a dit qu'il n'y avait absolument rien de sérieux ; j'espère donc reprendre bientôt ma petite classe.

« Si Georges ne vous a pas dit que j'avais été souffrante, c'est que je lui avais exprimé mon intention de vous le dire moi-même.

« J'ai appris avec beaucoup de plaisir que vos fêtes se sont très-bien passées.

« Adieu, chère et bonne mère. J'envoie mon meilleur souvenir à tous. Veuillez me croire, dans les Cœurs de Jésus et de Marie,

« Votre fille respectueuse.

« Ludovie.

« R. S. C. J. »

Quelque rassurant que fût le langage de Ludovie, ma mère ne le prit point pour tel. Elle voulut avoir, par elle-même, des nouvelles de sa fille, et se rendit à Lyon. Mais, cette fois, Ludovie se trouvait dans l'impossibilité de se lever, et ma mère dut descendre des Anglais sans l'avoir vue.

Une pleurésie s'était déclarée, il fallait qu'elle fît son cours avec les soins ordinaires. Au bout de quelques jours, la pleurésie parut céder, mais on s'aperçut bientôt que la poitrine et les entrailles étaient attaquées.

L'état de prostration, où se trouva tout à coup Ludovie, ne permit que l'application de remèdes insuffisants. Elle baissait sensiblement ; au point que, le 31, lorsque mon père vint s'informer de son état auprès du médecin, celui-ci ne put lui dissimuler ses craintes.

Et certes elles étaient fondées.

Dans la nuit du 2 février, Ludovie eut une défaillance si profonde, qu'on se hâta de lui administrer l'Extrême-Onction.

Le lendemain matin, une dépêche apprenait les événements de la nuit à mes parents, et leur annonçait aussi que la permission de voir leur fille leur était accordée. Cette permission, bien qu'elle soit très-rare, n'est pourtant pas sans exemple, au Sacré-Cœur, pour les religieuses qui n'ont point encore prononcé leurs derniers vœux.

Averti moi-même dans la matinée, je montai aux Anglais, au sortir de classe. Amélie et Marie-Gaëtane, venues de la Ferrandière, s'y trouvaient déjà. La crise de la nuit avait complètement cessé. Les traits de Ludovie ne paraissaient nullement altérés ; je la trouvai calme et souriante. Elle causa un instant, s'informa des progrès de Marie-Gaëtane, qu'elle vit avec un vif plaisir ; lui fit faire quelques pas dans la chambre, pour s'assurer si elle la trouvait grandie, et si elle savait bien porter son petit ruban vert. Nous nous assîmes près de son lit. A sa demande, je lus quelques Psaumes, et nous nous retirâmes, émus et édifiés.

Un peu plus tard, seule avec cette chère sœur, Amélie, tirant au hasard un chapitre de l'Imitation, selon l'usage et le désir de Ludovie, tomba sur celui-ci : « *Du désir de la vie éternelle, et des grands biens promis à ceux qui combattent en cette vie.* » Alors, Ludovie ne lui cacha point le désir qu'elle avait du ciel ; et comme Amélie, qui touchait au terme de son noviciat, lui exprimait son regret de la voir ainsi souffrante à l'époque où elle-même allait prononcer ses premiers vœux, Ludovie lui répondit : « *Oh ! je les verrai du ciel ; ce sera bien plus beau.* »

Dans l'après-midi, je revis ma sœur, seul ; et la conversation suivante s'engagea entre nous :

« — Eh bien ! ma chère sœur, vous êtes sur la croix ; mais on prie beaucoup pour vous.

« — Oh ! quand on m'a administrée cette nuit, ma Mère m'a dit que c'était simplement par précaution ; mais j'ai répondu que je n'avais pas peur de mourir.

« — On a commencé une neuvaine pour vous à Notre-Dame de Fourvière.

« — Oui, je le sais ; ma Mère me l'a dit ; mais

j'ai répondu qu'il valait bien mieux mourir. »

Puis Ludovie me raconta en détail tout ce que j'ai dit sur les pressentiments qu'elle avait eus, à son arrivée aux Anglais, pendant ses dernières vacances, et le premier jour de janvier à son réveil, et elle ajouta :

« — Ce serait un véritable sacrifice pour moi, s'il fallait guérir. »

Emu de sa piété et de son désir ardent du ciel, je ne pus m'empêcher de lui dire :

« — Oh ! que j'aimerais aussi aller au ciel, comme vous !

« — Je vous précéderai au ciel comme je vous ai précédé au noviciat, répondit-elle. Je dirai à Notre-Seigneur que vous avez bien envie de mourir.

« — Ah ! quel bonheur ce serait !

« — Au moins, nous n'offenserons plus le bon Dieu, au ciel ! »

Et ses yeux à demi fermés s'humectaient de larmes. Après un moment de silence elle me dit :

« — Je ne demande qu'une chose au bon Dieu : la résignation pour papa et pour maman. »

Puis, la voyant me parler de la mort avec tant de calme et de joie, j'osai lui dire :

« — Et quand pensez-vous mourir ?

« — J'ai fait mon calcul ; je pense que j'ai encore trois nuits à passer.

« — Il faut attendre jusqu'à samedi, le jour de la sainte Vierge, repris-je, en songeant à l'indulgence sabbatine.

« — Et pourquoi ? Vendredi, le premier du mois, cela vaut bien mieux. Vous savez bien, cher frère, que Notre-Seigneur a promis à la B. Marguerite-Marie que les religieux qui feraient une neuvaine de communions des premiers vendredis du mois, obtiendraient la grâce de persévérer dans leur vocation et celle de ne pas mourir sans avoir reçu les Sacrements. Ainsi, je n'ai plus que trois nuits. »

Et elle comptait sur ses doigts : lundi, mardi, mercredi.

« — Il est vrai que j'ai bien manqué, je crois, quelques vendredis, mais le bon Dieu me tiendra compte de ma bonne volonté, je pense.

« — Oh ! bien certainement, chère sœur ; et puisque vous voulez mourir vendredi, attendez au moins l'heure de notre communion ; nous la faisons à la Messe de cinq heures.

« — Eh bien ! c'est cela.

« — Vous allez recevoir la visite de papa et de maman.

« — Ah ! que j'appréhende cette visite ! qu'il me tarde que ce soit fait ! »

Que personne ne soit scandalisé de cette dernière parole de ma sœur bien-aimée. Certes, qui donc, après avoir lu ces pages, pourrait avoir des doutes sur les sentiments de son cœur ? Quand l'amour de la famille est saint et fort, comme il l'était en elle, ce n'est pas sur le seuil de l'éternité qu'il s'éteint.

Une seule chose l'affligeait : c'était de voir faire en sa faveur une exception à la règle, à un moment, où elle n'avait d'autre ambition que de mourir sur la croix, dans le dénûment le plus complet, dans le sacrifice de tout, au milieu des étreintes de son Epoux bien-aimé. Ces sentiments sont chrétiens, et l'Eglise les loue dans ses Saints.

Et puis Ludovie redoutait, pour mon père et ma mère, l'émotion de cette entrevue. Heureusement elle se trouva assez calme lorsqu'ils arrivèrent. Dès que je les vis, je me hâtai de les rassurer : ils montèrent avec moins de crainte dans la chambre de leur fille. En voyant approcher de son lit mon père, ma mère et Antoinette, Ludovie fit effort sur elle-même, parut gaie, demanda avec son empressement ordinaire des nouvelles de chacun, au point que mes parents, satisfaits de cette courte entrevue, se retirèrent pleins d'espoir.

Deux jours se passèrent sans nouveaux incidents. Mes parents étaient retournés à Saint-Etienne. Quant à moi, j'avais, comme religieux, la permission de visiter plus souvent ma sœur. A mon retour, je prenais quelques notes, que je transcrirai ici en partie.

Jeudi 5 *février*. Ludovie paraît aller mieux ; elle est plus réservée dans ses paroles.

« — Eh bien, lui dis-je, vous ne voulez donc plus partir demain ?

« — Il paraît que le bon Dieu ne le veut pas, répondit-elle avec calme. Il a vu que j'étais trop pressée, que je voulais mourir le premier vendredi du mois, et il a dit : « Eh bien, ça ne sera pas. » Du reste, voyez comme le bon Dieu arrange bien les choses : ma Mère a écrit hier à Paris, pour demander la permission de me faire faire ma Profession avant de mourir, si j'étais plus mal. Eh bien, la permission n'aurait pas le temps d'arriver pour demain. »

Dimanche 8. L'inflammation des entrailles a cessé ; mais la fièvre l'a remplacée.

« — Je ne savais pas encore ce que c'était que la fièvre, me dit Ludovie. »

Cependant, voyant qu'elle allait mieux, j'ajoutai :

« — Etes-vous résignée à vivre ?

« — *Si le bon Dieu le veut, oui.* »

Jeudi 12. La fièvre a disparu. Mieux sensible.

« — Ma Mère, me dit Ludovie, veut que je demande ma guérison ; je commence à prier pour cela.

« — Eh bien, puisque le bon Dieu veut que vous viviez, il faut lui demander de vous guérir pour les vœux d'Amélie, afin qu'on ne les retarde pas.

« — Et quand sont-ils ? Il ne faut pas qu'on les retarde à cause de moi.

« — Ce serait le 6 mars.

« — Il faudrait que je puisse aller coucher à la Ferrandière la veille... »

Après un moment de silence, Ludovie ajouta :

« — Ma Mère m'a donné pour règlement de suivre en tout la nature : c'est bien facile. »

Puis elle sembla se recueillir de nouveau et je lui dis adieu.

Comme je me retirais, elle me dit :

« — Nous éloignerons les visites, cher frère, à mesure que je me porterai mieux. »

Le langage de ma sœur était maintenant tout autre. Il se résumait en ces paroles : « *Comme le bon Dieu voudra.* » Depuis qu'on lui avait ordonné de demander sa propre guérison, elle paraissait partager les espérances de ceux qui l'entouraient, et se montrait ordinairement de leur avis. Habituellement, elle parlait peu, tenait les yeux baissés, et semblait toujours en prière. Evidemment elle avait fait un pacte avec ses lèvres, et avait jugé qu'il était plus parfait de s'abandonner, en silence, entre les mains de Dieu, et de mourir ou de guérir, dans la simplicité et l'abandon.

Jeudi 19. Ce matin, j'apprends que Ludovie va plus mal. Je me hâte d'aller la voir. Je la trouve en effet plus abattue ; elle est d'une maigreur extrême; son visage n'a plus la même expression. Cependant, soit qu'elle s'illusionnât momentanément sur son état, soit qu'elle voulût se conformer aux espérances qu'on avait conçues de sa guérison, elle me dit naïvement :

« — Je ne pensais pas que la *convalescence* se-
« rait si longue. »

Je la quittai le cœur serré.

Le lendemain, qui était un vendredi, les religieuses, un cierge à la main accompagnèrent de bonne heure Notre-Seigneur dans la chambre de ma sœur. Elles se mirent à genoux autour de son lit ; et Ludovie, après avoir de nouveau reçu le saint Viatique, prononça d'une voix ferme l'acte de consécration, qui la liait à Dieu pour toujours.

Toutes les personnes qui assistèrent à cette Profession faite sur le seuil de la mort, furent vivement touchées de l'humilité et de la ferveur de ma sœur.

Après la cérémonie, on suspendit à son cou la croix d'argent que portent les Professes du Sacré-Cœur de Jésus. C'était avant sa mort le dernier beau jour de Ludovie sur la terre. La joie rayonnait sur son front, déjà décoloré par la souffrance.

Dimanche 22. Ludovie s'affaiblit de plus en plus ; elle ne répond guère que par des monosyllabes à tout ce que je lui dis.

Cependant, au moment où je la quittai, elle fit un nouvel effort et me dit :

« — Demandez bien pour moi des grâces abondantes pour les derniers moments. »

Alors je lui suggérai les motifs de confiance que doit nous inspirer la grâce de la vocation, et je me retirai.

Jeudi 26. Il y a de nouveau un mieux sensible. Je ne sais qu'en penser moi-même.

« — Allons, chère sœur, il paraît que le bon Dieu veut que vous travailliez pour lui !

« — Eh oui ; *comme il voudra*, répondit-elle avec son expression ordinaire de douce résignation.

« — Les vœux d'Amélie, ajoutai-je, sont fixés au 25; vous avez donc vingt-huit jours pour vous guérir.

« — Je ne serai pas assez forte pour y aller. »

Hélas ! ce n'était que trop vrai. Elle devait les voir du ciel, comme elle l'avait dit.

Dimanche 1er mars. Nouvelle défaillance ; point de force ; l'estomac refuse toute nourriture.

« — Vous trouvez, chère sœur, lui dis-je, en faisant allusion à ses propres paroles, que la *convalescence* ressemble bien à la maladie ?

« — Oh ! c'est bien plus pénible ! *Comme le bon Dieu voudra.* »

Cependant, soit pour me faire croire à sa guérison, soit dans le désir de faire un nouveau sacrifice, elle me dit pour la seconde fois :

« — Il faudra, puisque je vais mieux, *rentrer dans la règle*, mon cher frère, et diminuer le nombre de vos visites ; ce sera assez de venir tous les huit jours. »

Volontiers, je me serais privé de la consolation de la voir, pour lui laisser celle de mourir dans la plénitude de son sacrifice, tant je la lui voyais désirer, mais je lui dis :

« — Je viens autant pour maman que pour moi, chère sœur ; elle est heureuse de savoir que je vous ai vue. »

Bientôt on ne parla plus de convalescence. « Jusque-là, nous disent les sœurs de Ludovie, le divin Maître s'était plu surtout à faire goûter à cette âme les délices de son joug; mais il tenait pour elle en réserve une grâce plus précieuse encore, celle de son calice et de sa croix. Les derniers quinze jours de notre chère sœur ne furent qu'une longue agonie; une faiblesse extrême, le travail d'une décomposition lente, l'impossibilité de se rendre le plus léger service, parfois des tentations pénibles, tout se réunissait pour l'anéantir. »

« — *Je vois le démon qui est là*, s'écria-t-elle un jour avec un profond sentiment de tristesse, *il me dit que je resterai six mois sur ce lit.* »

Une autre fois elle exprima à sa Supérieure la crainte où elle était que sa maladie ne fût un châtiment de Dieu pour sa négligence dans son emploi. Dieu permit ces tentations et ces craintes pour purifier et embellir son âme.

« — Mon Dieu, disait-elle, à l'approche de ces crises douloureuses, où elle perdait la respiration, mon Dieu, je vous l'offre, quoi qu'il m'en coûte; je vous l'offre dès maintenant, car je crains de ne pouvoir le dire aux derniers moments. »

Et de ses lèvres, contractées par la souffrance,

s'échappait, jusqu'à ce que la voix lui manquât, le nom béni de Jésus.

Dans cet état douloureux, Ludovie conserva toujours une parfaite connaissance. Le jeudi 5 mars, sa Supérieure, voyant qu'elle baissait de plus en plus, lui demanda si elle désirait qu'on fît venir Amélie. C'était une nouvelle occasion de faire un sacrifice, Ludovie ne la laissa point échapper : elle remercia la Supérieure. Elle avait besoin de solitude et de silence ; souvent elle demandait qu'on la laissât seule. Pour entrer dans ses intentions, qu'elle m'avait plus d'une fois manifestées, j'abrégeai le temps de mes visites.

Dans celle que je lui fis le dimanche 8 mars, elle me dit :

« — Demandez bien pour moi la patience. »

Et vraiment elle en avait besoin ; elle souffrait beaucoup. Etendue presque sans mouvement dans son lit, elle paraissait ne plus tenir à la vie que par un souffle. Elle respirait à peine ; ses yeux étaient vitrés : sa physionomie méconnaissable ne rendait plus que l'expression d'une profonde douleur.

Pendant les dix jours qu'elle vécut encore, des crises fréquentes et très-douloureuses épuisèrent peu à peu le reste de ses forces. Aussi, aux personnes qui lui offraient le secours de leurs prières, faisait-elle toujours la même réponse :

« — Oh ! demandez pour moi une seule chose, *la patience ;* rien que cela. »

Ma mère put la voir une seconde fois, le lundi 9, pour lui faire son suprême adieu. Elle s'approcha de son lit, l'embrassa et lui dit, les larmes dans le cœur et dans les yeux :

« — Ma bonne fille, j'ai obtenu la permission de te voir et viens te dire que ta mère est parfaitement résignée ; es-tu contente d'elle ? »

Ludovie répondit, par l'intermédiaire de la Supérieure :

« — Oui.

« — Est-ce là la disposition que tu veux lui voir ?

« — Oui.

« — Eh bien ! je te demande ta bénédiction ; il est juste que ceux qui vont au ciel bénissent ceux qui restent. »

Puis la Supérieure, prenant la main de ma sœur, la mit dans celle de ma mère, qui s'agenouilla un instant pour recevoir la bénédiction de sa fille. Une sueur froide, que la Supérieure essuyait sans cesse, coulait sur le visage de Ludovie.

Ma mère lui recommanda le salut de tous ses enfants et petits-enfants :

« — Qu'aucun ne manque au ciel, lui dit-elle; je t'en charge, toi que Dieu choisit la première. »

Ludovie se rappela-t-elle alors sa prière d'autrefois : « Mon Dieu, pour votre amour, je vous offre la séparation sur la terre, mais faites qu'au ciel je retrouve tous les miens !... » Je ne sais, mais elle répondit avec énergie :

« — Oui, oui ; oh ! soyez tranquille !

« — Eh bien ! adieu, ma très-chère fille. Si on m'accorde encore la permission de te voir, tu n'en seras pas fâchée ?

« — Oh ! il ne faut pas demander, répondit Ludovie. »

Puis, après quelques mots de la Supérieure, indiquant à ma sœur qu'il fallait vouloir tout ce qu'ordonnait l'obéissance, ma mère se retira.

Le jeudi 12, lorsque je remontai aux Anglais, je ne vis pas Ludovie. Elle voulait être seule, et ma visite semblait la contrister.

Le dimanche suivant, à mon arrivée, elle ouvrit les yeux avec peine, puis les referma. Elle était si faible que je ne pus saisir, même sur sa physionomie, aucune réponse à tout ce que je lui dis. Vraiment j'aurais été tenté de demander à Dieu de l'enlever promptement de ce monde, tant son agonie me paraissait douloureuse.

Ce même jour, le médecin, entrant dans sa chambre, ne put s'empêcher de s'écrier en la voyant :

« — Oh ! Madame, il faut qu'on ait bien prié pour vous, pour que vous soyez encore là ! »

Le lendemain, un mieux léger se manifesta. C'était la dernière fois que nous devions être ainsi trompés. Dès le soir, Ludovie se trouva beaucoup plus mal. La respiration, entre-coupée, devenait très-rare. On ne pouvait plus lui faire avaler une seule goutte d'eau. C'était la fin.

Le délire la prit dans la nuit et ne la quitta plus. On l'entendit appeler une fois : « — *Maman, René.* »

Ce furent ses dernières paroles.

La matinée fut très-pénible. Mgr de Serres, qui plusieurs fois l'avait visitée pendant sa maladie, l'assistait à ce moment ; il resta auprès d'elle jusqu'à son dernier soupir.

Chaque heure pouvait être la dernière. On priait autour de son lit et on pleurait.

Enfin, après une dernière crise, Monseigneur lui renouvela le bienfait de l'absolution, et, vers les trois heures de l'après-midi, cette bien chère sœur rendit à Dieu son âme purifiée par une si longue et si douloureuse maladie.

Le lendemain, son corps était transporté au Sacré-Cœur de la Ferrandière, où il devait recevoir la sépulture, près du couvent, dans le champ consacré aux Epouses du Sacré Cœur.

Il fut déposé pour l'absoute dans cette même église et à cette même place où, cinq années auparavant, Ludovie, prosternée dans la prière, avait prononcé ses premiers vœux de religion. Quelle coïncidence !... Pour cette dernière cérémonie, comme pour la première, nous étions tous là !... Si pour nous ce furent deux jours de larmes, pour Ludovie assurément ce furent deux jours de fête. Le premier n'avait été qu'un prélude, le second était une éternelle réalité.

« *Venez, Epouse du Christ,* » lui avaient dit naguère les anges, en l'invitant aux noces de l'Agneau. Aujourd'hui, au terme de sa vie religieuse, qui avait été un chant matinal au Seigneur, ils répétaient et complétaient leur invitation. « *Venez, Epouse du Christ*, disaient-ils, *recevez la couronne que le Seigneur vous a préparée pour l'éternité* (1). »

Et puis, même pour nous qui pleurions, n'y

(1) *Veni, sponsa Christi ; accipe coronam quam tibi Dominus præparavit in æternum.* (Office des Vierges, à matines.)

avait-il pas, dans le souvenir de sa vie et dans les éternelles espérances de sa sainte mort, d'inépuisables consolations ?...

O ma mère ! dites-moi combien et comment vous avez été consolée, quand, penchée sur ce cercueil, que vous inondiez de vos larmes, vous disiez à Dieu, dans l'humilité et la sincérité de votre cœur : « Mon Dieu, je vous ai conservé et je vous rends pure, cette âme que vous m'aviez donnée pure !... »

Oh ! elle savait bien quelles sont, à ces moments de suprême douleur, les consolations qu'il faut à un cœur de mère chrétienne, celle qui, au lendemain de cette mort, vous disait, poura doucir l'amertume de vos larmes :

. . . .

Mère, je vous l'assure, oh ! ce n'est pas mourir
Que de pouvoir ainsi, pour toujours, s'endormir
Dans le Cœur de Jésus !

(A. B., Strophes sur la mort de Ludovie.)

TABLE

I

PREMIÈRE ENFANCE.

II

LES DEUX SOEURS.

III

LES VACANCES.

IV

PREMIÈRES SÉPARATIONS.

V

VOCATION.

VI

LE POSTULAT.

VII

LE NOVICIAT.

VIII

PENDANT LA GUERRE.

IX

ÉPREUVES ET CONSOLATIONS.

X

ASPIRATIONS A LA SAINTETÉ.

XI

LES ANGLAIS.

FIN DE LA TABLE

LYON Impr. Catholique, rue de Condé, 30. — J.-E. Albert.

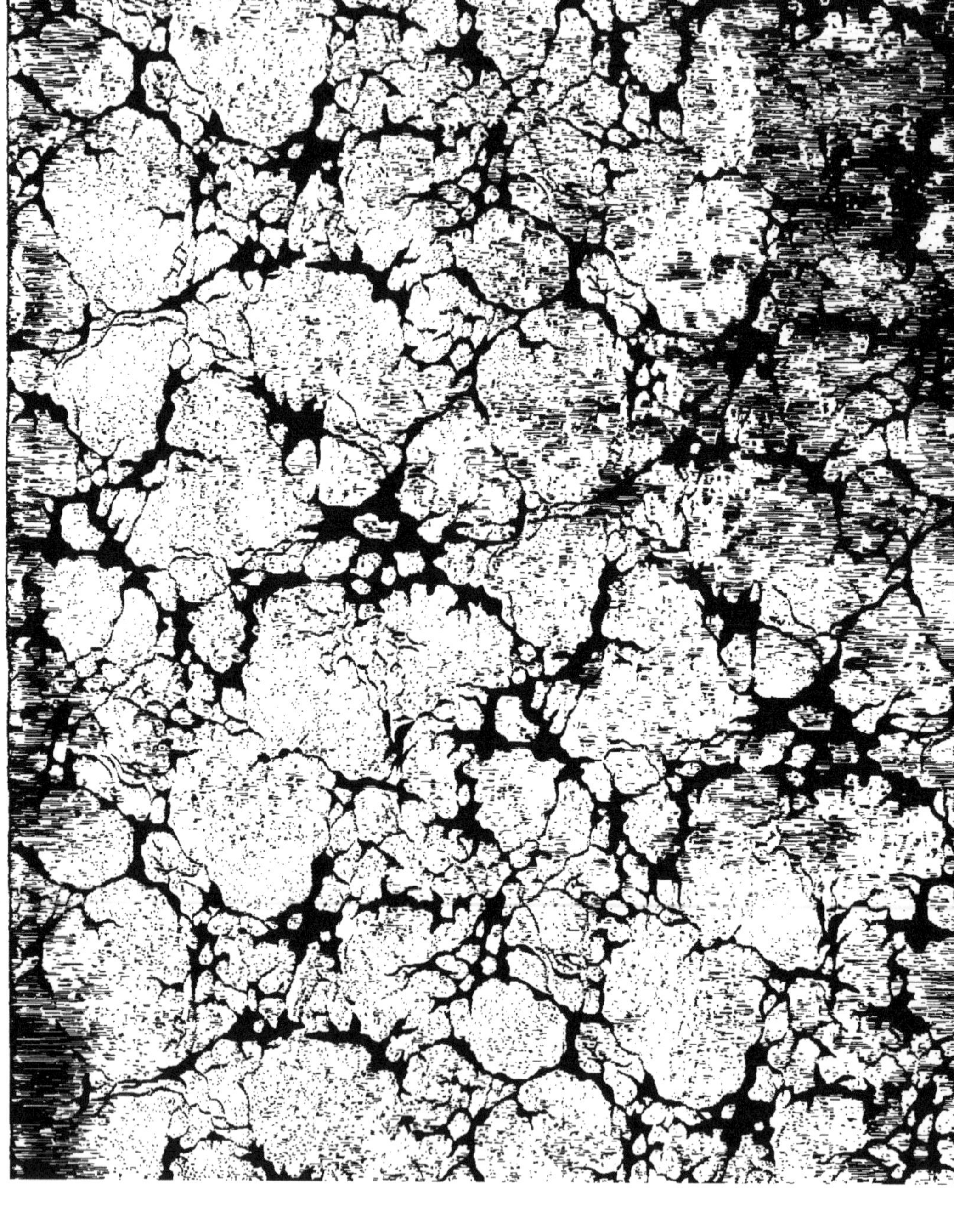

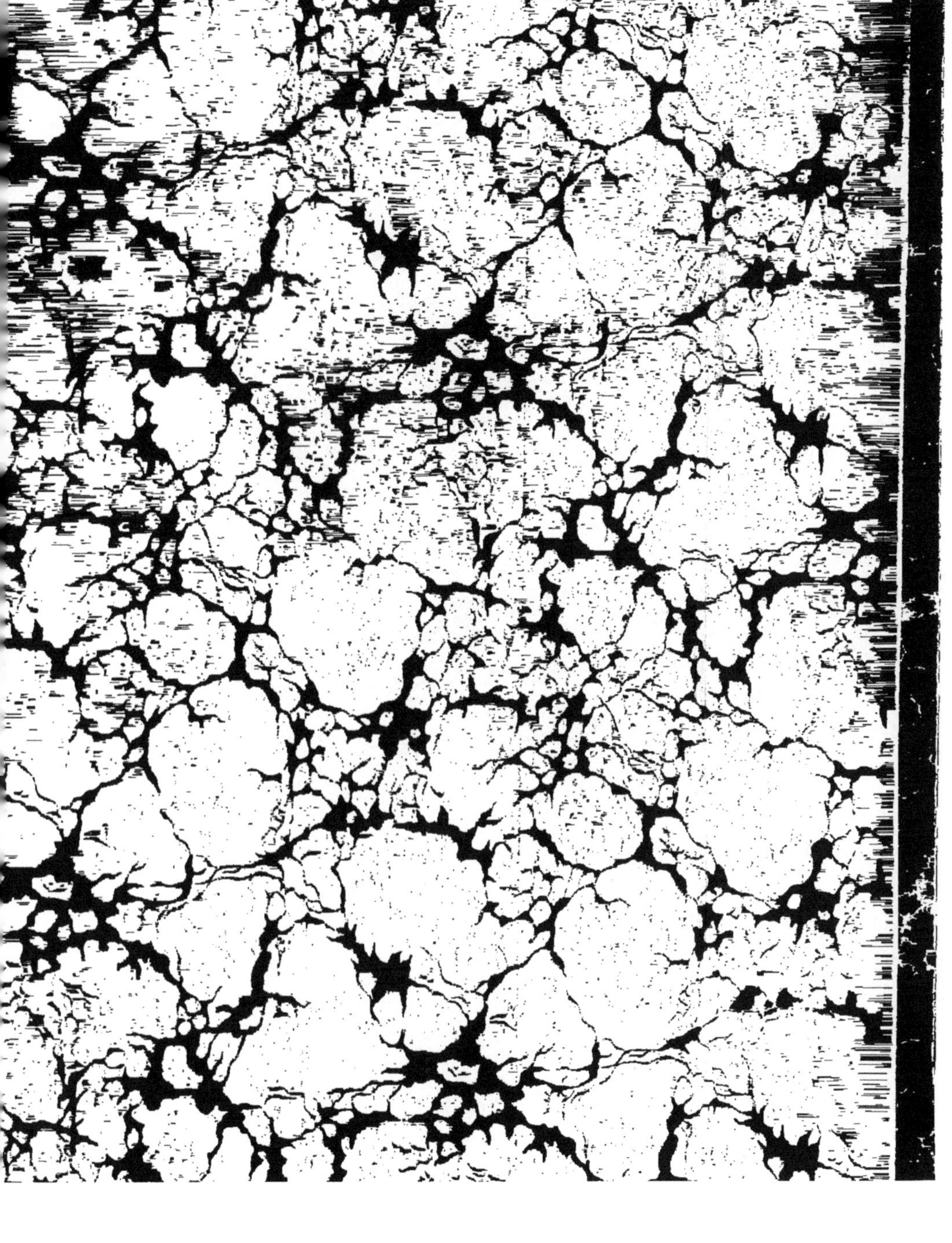

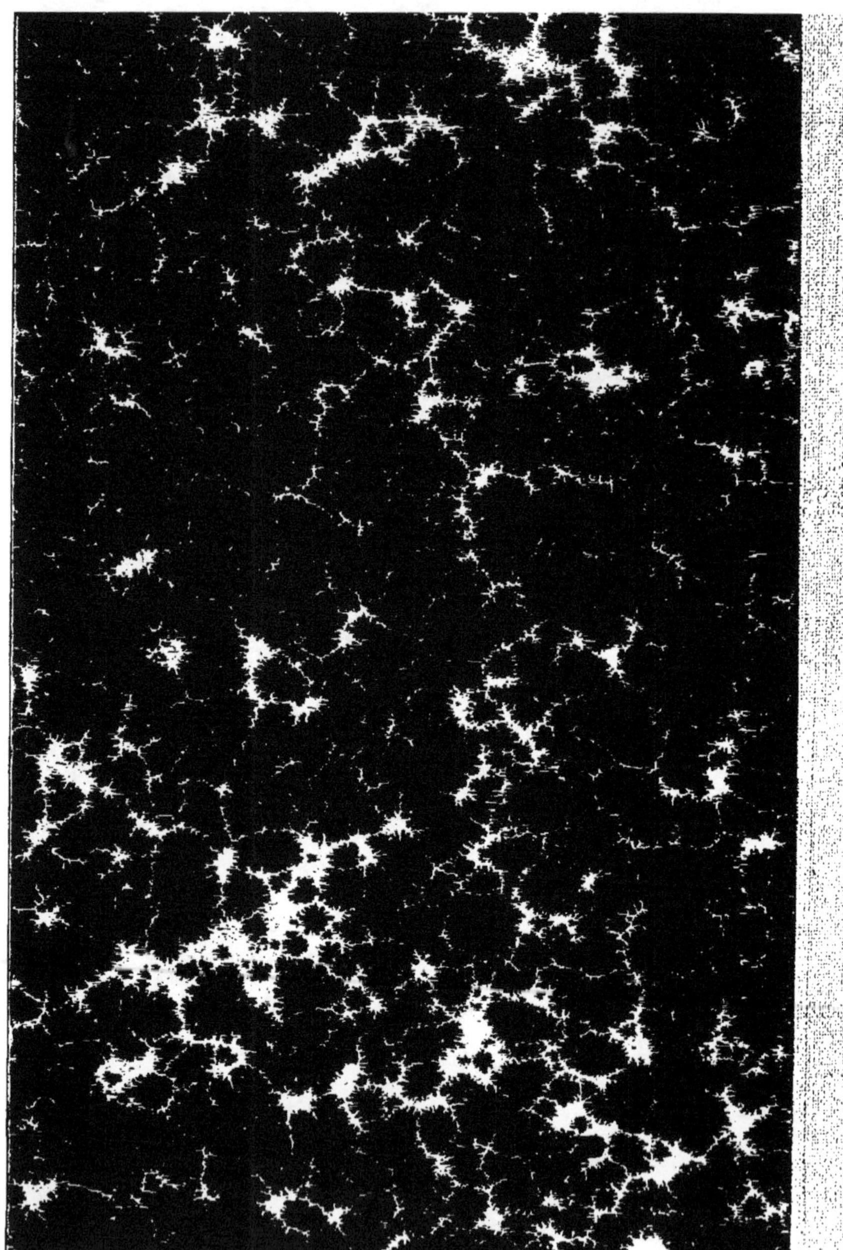

www.ingramcontent.com/pod-product-compliance
Ingram Content Group UK Ltd.
Pitfield, Milton Keynes, MK11 3LW, UK
UKHW020441200726
13857UKWH00002B/527

9 782011 916167